お前、誰だよ!

TAIGA晩成
史上初! 売れてない芸人自伝

TAIGA

はじめに

みなさんこんにちは。サンミュージックという事務所でピン芸人をやっているＴＡＩＧＡと申します。まずは、この本を手に取っていただきありがとうございます。

派手な帯に惹かれて手に取ってはみたものの、「お前誰だよ！」と思っている方も多いと思います。

そうですよね。俺は現在47歳、ピン芸人の最高峰の戦いＲ－１ぐらんぷり２０１４で決勝に行ったこともあります。でも、芸人としての稼ぎだけでは生活できず、アルバイトをしながら、妻ひとり子ふたりの４人家族で家賃８万５０００円の２ＤＫにつつましく暮らしています。もちろん妻にも働いてもらっています。

今回、ご縁があって、しがない芸人の自伝を出していただくことになりました。

思い返せば、20歳の頃は、建築資材の製造販売会社に就職してサラリーマンをやっていました。月曜日の朝早くに出社してタイムカードを押してだるい朝礼に参加してから、倉庫作業や営業の繰り返し。なんのやりがいも感じられませんでしたし、通勤の満員電車は地獄でした。毎日が退屈すぎて、いつも「ここから抜け出したい」と思っていました。

唯一の楽しみと言ったら土日に地元の友達と飲みに行くこと。でも楽しい週末はあっという間に終わり、満員電車がいつもの日常の始まりを告げます。

会社員でしたから、給料は毎月もらえ、ボーナスもあったので、お金には困りませんでした。でも、こんな退屈な毎日を繰り返していたら「あっという間に人生が終わってしまう」。そう感じてもいました。

3年働いていた会社を退社して、芸能の道に進むことを決めたものの、そんなに甘い世界ではありません。ご覧のように、現在までくすぶり続けて、気がつけば24年が経ちました。

自伝というのは成功者が出すものでしょう。売れていない芸人の自伝なんか誰が興味あるんだ、と思うかもしれません。俺もそう思います。では、なぜ売れてない芸人の自伝を出すのか。

「成功者の話よりも不成功者の失敗談のほうがためになる」と昔の偉い人は言ったそうです。芸人の中で成功しているのはほんの一握りです。この歳まで売れていない自分のような芸人は、あちこちでバカにされ、笑われ、みじめな思いをたくさんしてきました。

それでも「あなたは売れる」と信じ続けてくれた人がいました。自分の原動力になったのは、信じてくれた人への恩返しの気持ち。そして、自分を軽んじる人たちへの反発心です。

「俺は絶対に売れてみせる」

その一心で、この歳まで芸人を辞めることなく、ギリギリではありますが踏ん張ってきました。

俺自身は大した人間ではないです。でも、俺の周りにはたまたまたくさんの才能ある芸人仲間がいます。彼らの活躍も自分の励みになっています。

この本には成功者が繰り出すような自慢話はひとつもありません。でも、この本を手に取っていただいたあなたが、少しでも自分自身に重ね合わせて、勇気や元気をもらっていただけたらそれに勝る幸せはありません。

TAIGA

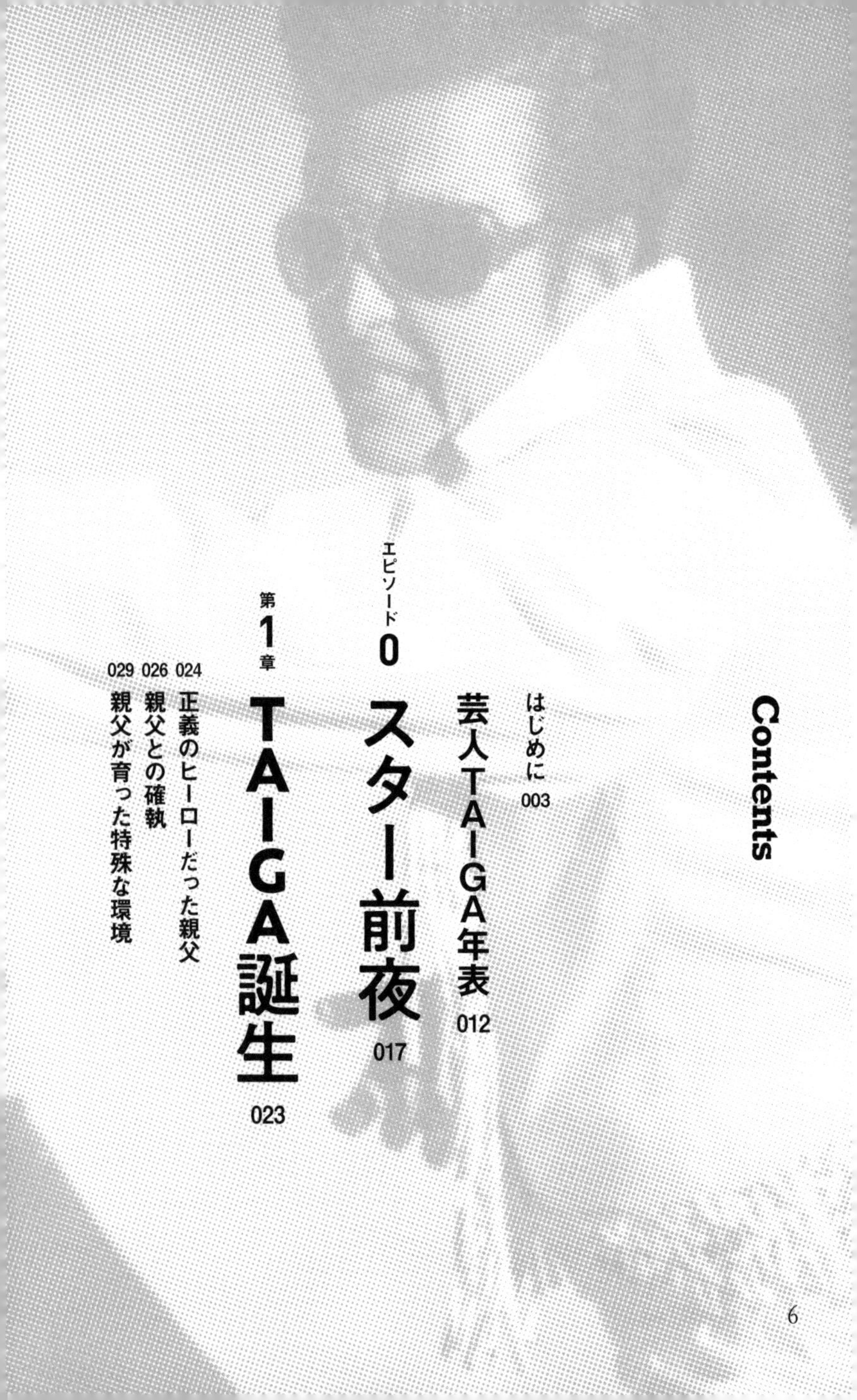

Contents

第2章 スターへの道 049

第6章 TAIGAのプライベート

伝説のその先へ 芸人TAIGA年表

春日との出会い

ショーパブ・キサラで出会う。仕事はからきしダメだったが、プライベートで一緒にいるぶんには楽しかった。居酒屋、カラオケ、時にはキャバクラにもくりだした。

1999

サラリーマン辞める

オーディションを経て芸能事務所入り

観月ありさのツーカーセルラーのCMでエキストラ出演

故田村正和のスタンドイン（代理）でスターのオーラを感じる

『ロンブー龍』に出演

2000

キャバクラのボーイ、俳優をやりながら暮らす

『踊る！さんま御殿!!』の再現VTRに出演

キサラの社員になり、西新宿に引っ越す

2001

ナイスミドル時代の春日と出会う

『エルヴィス・ナイト』でネタ初披露

2002

小田原のフィリピンパブで初営業

ナイスミドル時代の若林と春日がキサラの前説デビュー

2003

ネタ中に貸し切りパーティーの客200人が大乱闘

若林と飲んだりネタ作ったり

エルヴィス・ナイト

当時まわりにやっている芸人がすくなかったエルヴィスを、モノマネのネタにチョイス。六本木のライブハウスで初披露すると、爆笑をかっさらった。

ショーパブの芸では通用しないという現実

ショーパブのキサラでは鉄板だった氣志團モノマネの格好で出ていくが、お客さんには全く響かず。長井秀和さんのモノマネで巻き返し1回戦は突破するも、続く2回戦で敗退。

潜水で占った未来

「このプールを潜水で横に横断できた奴だけが芸能界で売れるんだよ。知ってたか？」というジンクスを提案。3人とも成功したが、ひとり売れていない芸人がいる。

はなわ、前田健、ホリブレイク

コージー冨田、前田健からよく飲みに呼ばれる

若林、春日と和田堀区民プールで泳ぐ

中野坂上へ引っ越し

2004

キサラでおしぼりを投げられ、罵声浴びる

『R-1ぐらんぷり』に初出場するも2回戦落ち

タニマチの社長たちとの付き合いを覚える

キサラの若手デーを主催。ミラクルひかる、ダブルネームと衝突する

若林、春日、ダブルネームのジョーと湘南へ。バナナボートで最後まで振り落とされなければ売れる、というジンクスで遊ぶ

2005

『博士と助手～細かすぎて伝わらないモノマネ選手権』で鬼スベリ

社長とのギャラ飲みを覚える

2008

単独ライブ開催

オスカープロモーションへ移籍

オードリーがM-1決勝進出

『爆笑レッドカーペット』に出演

『エンタの神様』に出演

若手デーで一致団結!?

新しいこと、オリジナリティーのあるお笑いがしたくて、当時ショーパブの若手で仲が良かったメンバーに声をかけて始まった若手デー。（写真は上段左上から時計回りに英二、TAIGA、民秋貴也、ダブルネーム・カオル＆ジョー、ナイスミドル時代の若林正恭＆春日俊彰。中央がミラクルひかる）

R-1決勝進出

2014年の俺は何かが違った。いつもならネタ選びの段階で迷いがあったが、「お前、誰だよ！ロックンロール」以外のネタは頭になかった。そして、念願の決勝進出を果たし、「これで人生が変わる！」と意気込んだ

父が死去

よく叱られ、よく殴られたが、いじめから救ってくれたヒーローでもあった。思春期に仲たがいはしたが、芸人を続けてこれたのは父に認められたい、見返したいという気持ちが強かったからだ。

2009

『あらびき団』に出演

ぺこぱと出会う

2010

父が死去

『リンカーン』に出演

『笑っていいとも！』でメッチャスベる

『R-1ぐらんぷり』1回戦落ち。芸人廃業を考える

2011

歌舞伎町での大立ち回りが雑誌に掲載される

『R-1ぐらんぷり』準決勝進出

アイドルの原幹恵、中村静香のイベントMCを務める

2回目の単独ライブ予約中に震災

『爆笑オンエアバトル』に受かる

キサラをクビになる

2012

ギャラ飲み辞める

お金がなくて同窓会に行けない

2013

『R-1ぐらんぷり』2回戦落ち。1年無茶苦茶頑張ってダメだったら芸人を辞めようと決意。

主催ライブを立ち上げる。前説はぺこぱ

2014

『R-1ぐらんぷり』決勝進出するも、仕事増えず

ぺこぱ

当時は「先輩×後輩」というコンビ名だった。ネタは面白くなかったけど、売れてない頃から人（にん）が面白い奴らだった。急速に距離が縮まり、「TAIGAさん、TAIGAさん」と慕ってくるのがかわいかった。

最高の嫁と最高の結婚式

売れない芸人を応援し続けてくれた彼女と籍を入れた。金がなく、ウェディングプランではなく、会議として挙げた異例の結婚式は、最高の仲間に見守られて最高に盛り上がった。

カズレーザー

一時期は週に4回くらい飲みにいっていたほど。最初はおごっていたが、メイプル超合金が売れてから奢られる側になった。

- サンミュージックプロダクションへ移籍

2015
- カズレーザーと週4で飲む
- 同じ事務所の武家の女とコンビ『ザ武道』を組んで『M-1グランプリ』出場、3回戦まで進出する

2016
- メイプル超合金がM-1決勝進出
- 同棲はじめる
- 『ダウンタウンのガキの使いやあらへんで!』の「山-1グランプリ」に出演
- 『アメトーーク!』「パクりたい-1グランプリ」出演
- ちょっと営業増えたりテレビ入るが、4度目のチャンスを逃す

2017
- 大みそかにプロポーズ
- 結婚

2018
- 100人花見開催
- 長男誕生

2019
- ぺこぱがサンミュージックへ移籍。その年のM-1で決勝進出を果たす

2020
- ウーバーイーツのバイトを始める

ウーバーイーツ配達員に

コロナ禍で営業やライブの仕事がどんどんキャンセルされていった。そこで始めたのがウーバーイーツ配達員。新調したママチャリにまさか3年も乗ることになるとは、この時は思ってもいなかった。

『アメトーーク！』出演でブレイク間近!?

40歳を超えてもがく芸人にスポットライトをあててくれたとてもありがたい回だ。その反響は凄まじく、Twitterのフォロワーも倍増。ここから巻き返しを図るべく、精進の日々が続いている。

2021

『オードリーさん、ぜひ会ってほしい人がいるんです。』に出演

ウーバーイーツのバイト中、たまたまカズレーザーの家に届ける

『アメトーーク！』の「40歳過ぎてバイトやめられない芸人」に出演

『オールスター感謝祭』のミニマラソンで一時トップに躍り出る

自身初の連載『TAIGA晩成　史上初！　売れてない芸人自伝』スタート

次男誕生

2022

『午前0時の森』に若林の代役としてMC出演

『TAIGA FES 2022』開催

2023

『午前0時の森』で海外ロケデビュー

エッセイ『お前、誰だよ！　TAIGA晩成　史上初！　売れてない芸人自伝』発売

海外ロケデビュー！

MCの若林が体調不良で『午前0時の森』のMCを代打。これがきっかけで俺の悩み相談コーナーも始まり、アメリカのエルヴィス・プレスリーの聖地、メンフィスでも悩み相談をやろうと、海外ロケまで行かせてもらった。

エピソード

0

スター前夜

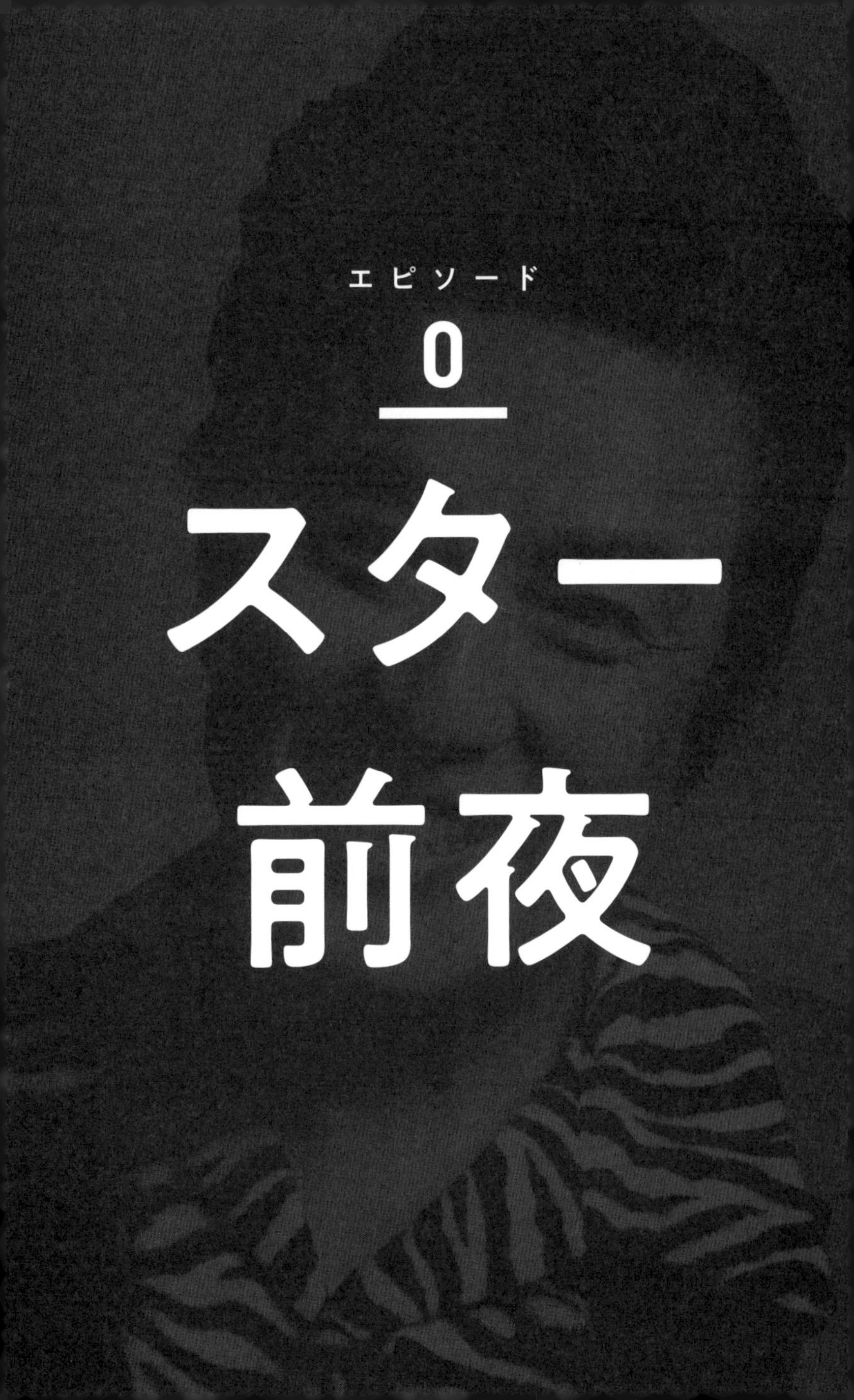

「バラエティー番組というのは面白いとこ、面白いとこをつないでいく作業で出来上がっています。スベったりしても『やってしまった』とか思わないこと。そこは切られるだけ。オンエアは絶対に面白くなっているから、僕らの編集を信じて思いっきり話してください」

収録前に、プロデューサーの加地さんはそう言った。

待ちに待った『アメトーーク！』の「40歳過ぎてバイトやめられない芸人」の収録が始まろうとしていた。

俺たち「40歳過ぎてバイトやめられない芸人」はテレビに慣れてない。だから、とても緊張していたんだと思う。ガチガチの空気を感じてか、加地さんは空気を和ませてくれた。そして俺もすこし気が楽になった。

ひな壇に座る。手に汗をかいているのを感じる。

やることをやるだけだ。カメラが回り、スタッフがカウントダウンを始める。ここまでの長い道のりが頭に次々と浮かんできた。

芸人を辞めるという選択肢は常に身近にあった。独身時代は、もし自分が結婚して子供が生まれたら、諦めがつくんじゃないかと思っていた。愛する我が子のため、そして家族のために、ちゃんと就職して、安定した暮らしを送ったほうがいいのかもと。実際にそういう理由で辞めていった芸人をたくさん見てきたから。

だが、結婚して初めて我が子を抱いた時に思った。

「この子のせいで自分は夢を諦めた、なんて言いたくない」

お前が生まれてくるまで、お父さん散々な人生で鳴かず飛ばずだったけど「お前が生まれてからは、めちゃくちゃ仕事が増えたんだぞ！」と言いたい。「お前が生まれてから、父さんの人生はとてもハッピーになったんだぞ。生まれてきてくれてありがとう！」と言ってやりたい。

息子が生まれたばかりの頃、そんな気持ちになったことをふと思い出した。

感傷的な気持ちになってしまったのは、人生の転機となるかもしれない収録だからだろう。

芸人なら一度は出てみたいと思う番組『アメトーーク！』から声がかかったのは数カ月前のことだった。オーディションには40歳を過ぎても、なかなか日の目を見ない芸人たちが何十人と来たらしい。その中から俺は選ばれたというわけだ。

２０２０年はコロナ禍で芸人の仕事などまるでなかった。主な稼ぎといえばウーバーイーツ、そんな状況だったから、出演が決まった喜びもひとしおだった。

収録前に、一緒に出演する5GAPの名前を見た時は、思わず泣きそうになってしまった。彼らは同じ時期に『レッドカーペット』に出て、お互い売れそうになったけど、そこから10年以上苦労してきた。まさに戦友。

オードリー若林から送られてきたLINEも読み返した。

「売れてる人はみんな真面目で優しいからTAIGAさんは絶対売れますよ。くれぐれもスベるのを怖がってうまくやろうとしないでください。TAIGAさんはうまくないから」

うまくやろうとしないこと。

40歳過ぎてバイト辞められないんだから、今より落ちることなんてないよな。

収録が終わると、マネージャーが「TAIGAさんの人の良さや面白いとこが出てて良かった」と言ってくれた。数々のチャンスを逃してきた俺だが、今までとは違う手応えを感じた。

収録後もスタッフが自宅まで密着して、家族に報告する様子を収めてくれた。ずっと応援してくれた奥さんが喜んでくれてる姿を見るのが一番うれしかった。

当時2歳半だった息子は、家に知らない人（スタッフ）がいてソワソワしている。安心させようと「トーマスのプラレールを買ってあげられるようにお仕事頑張るわ！」と言うと、「ウーバーイーチュ?」と落としてくれた。この子には笑いの才能があるのかもしれない。

オンエアの反響は凄まじかった。Ｔｗｉｔｔｅｒのフォロワーは倍に膨れ上がり、Ｔｗｉｔｔｅｒのトレンドで「ＴＡＩＧＡさん」が世界12位になったという。翌日にはおもちゃや紙おむつなど、段ボール３箱分ものプレゼントが届いた。

応援したいと思ってくれたことがありがたかった。しかし、何度も売れるチャンスを逃してきた俺だ。これでバイト辞められるわけではないことはわかっている。

だけど、売れたい。家族を幸せにしたい。

今回ご縁があって、売れたいと思い続け、気がついたら40歳を過ぎた芸人の自伝を書かせてもらうことになった。

みんな、この本を手に取ってくれてありがとう。この物語が完結する頃、俺は売れているはずだ。

第1章 TAIGA誕生

正義のヒーローだった親父

今から47年前の1975年11月20日に、俺は産声をあげた。かわいらしい男の子だったと聞いている。3歳になると妹ができて、父、母、妹と俺の4人家族になった。

小学校1年の終わりまで、東京都の世田谷区のマンションで育った。親父は材木屋で働いていたが、物心ついた時には、母もパートに出ていた。ごく普通の中流家庭だったと思う。優しい母とは対照的に、親父は厳格でとにかく怖い存在だった。

夕食は家族4人で食卓を囲むのが我が家のルールだ。ある時、苦手なホウレン草が食べられなかったら、食べ終わるまでごちそうさまをさせてもらえなかった。結局1時間後にようやく食べ終えたのだが、親父はその様子をじっと見ていた。

幼稚園になると、日曜日には自転車の練習をさせられた。何度も転んで泣きべそをかいても「もう一回」「もう一回」と繰り返し、気がついたら乗りこなせるようになっていた。

夏はいつも憂鬱《ゆううつ》だった。足のつかない深いプールに落とされるからだ。ほとんど泳げなかった俺は、焦って手足をバタバタさせるが、プールサイドにいる親父は「自分で泳いで上がってこい」という。今の時代だったら虐待と言われてもおかしくない。

よく叱られ、よく殴られた。とにかく厳しい親父だった。俺は何かにつけ親父の顔色をうかがっていたように思う。

小1の頃、俺はいじめに遭っていた。毎朝、集団登校していたのだが、6年生ふたりが1年の俺を標的にしたのだ。毎日のように俺のランドセルを後ろから蹴とばして、時には蹴り倒されることもあった。

BB弾の入ったピストルで、狙い撃ちされることもあった。「痛っ!」と言って嫌がる俺を見てケタケタ笑う6年生。そして、気まぐれにランドセルを蹴飛ばし、前のめりに転んだ俺を見て、いじめっ子たちはまた笑う。俺は毎日泣きながら小学校に通っていた。親や先生に言ったら報復されるんじゃないかと思って、誰にも言えなかった。

学校に行くのが日に日に嫌になった。それでも親や先生には言えなかった。入学した時はピカピカだったランドセルが、秋にはボロボロになっていた。

ある日、親父に居間に呼ばれた。夕飯の前だったが食卓に家族が並んでいた。仕事から帰ってきたあとに、きっと母親とも話し合ったのだろう。

いつもは見せない優しい顔で「どうしてそんなにランドセルを乱暴に扱うんだ? 正直に話してみろ」と言った。せっかく買ってやったランドセルを乱暴に扱うような奴は許さないぞ、という空気も感じた。

ありのままを伝えると「わかった」と言ったきり親父は黙っていた。

翌日。きっと会社に行くのを遅らせてくれたのだろう。いつもの場所で、6年生ふたりを呼び出し、話をしているのが見えた。

すごく怖い顔をしていた。しばらくすると、そのふたりは俺に「ごめん」と謝ってきた。

会社から帰ってきた親父は「お前がトロトロ歩いて、なかなか進まないからだと言ってたぞ」と言った。俺はすごく腹が立って涙が出てきた。

「絶対にそんなことない！　ちゃんと歩いてるのに、あの人たちが蹴ってくるんだ！」

「そうか。だったらお前を信じる。また何かあったら、すぐに言ってこい」——そう言って、俺の頭を撫でてくれた。

次の日から、いじめはピタリとなくなった。親父は過酷ないじめから救ってくれた、正義のヒーローだった。あの時の親父は、仮面ライダーよりもカッコよかった。

親父との確執

小学校2年に上がると同時に、神奈川県川崎市の一軒家に引っ越した。転校初日、教室の前で先生から紹介される時に、すこしだけ緊張したことを覚えている。

「東京から引っ越してきた福谷大河です」

一番前に座っていた男子が「タイガーマスクだー!」と言ったのをからかわれたと勘違いし、初日からケンカをしてしまった。相手が泣きながら職員室の先生に助けを求めにいった後ろ姿は覚えているが、そのあと先生に怒られたかどうかは記憶にない。

新しい家は小田急線新百合ヶ丘駅からバスで20分ほど。のどかな空気を持つ静かな住宅街だった。

現在の新百合ヶ丘はデパートや映画館もある都心のベッドタウンとして知られるが、当時の駅前はただの原っぱで建物も何ひとつない、文字通りの田舎だった。「なんで急行が止まるんだろう?」と思うようなちっぽけな駅舎で、近所ではカブトムシがとれたし、タヌキなんかそこらじゅうにいた。

自宅の目の前には貯水池があり、一面畑だらけで。とにかく何もない所だった。

家の間取りはというと、一階がリビング、客間、キッチン、風呂、トイレがあり、2階に親の寝室、子供部屋がふたつ。2階にもトイレがあったことにびっくりした。

月並みな話だが、自分だけの部屋が持てたのはめちゃくちゃうれしかった。今思えば、親が夢に描いたマイホームだったのだろうが、俺も狭いマンションから庭付きの家に引っ越したことにとても興奮した。

転校した小学校では、すぐに溶け込むことができた。友達もたくさんできたが、家庭のほうに問題が発生した。両親の仲が日に日に悪くなっていったのだ。

親父は今では絶滅した「昭和の親父」といった人間で、家事・育児は母がやって当然だと思ってる人だった。仕事から帰ってきたらテレビの野球中継をつけて「メシまだか?」と言う。5歳下の母は、仕事から帰ってきたら暇なんだから家事育児を手伝ってくれてもいいじゃない、という考えの人だったから、きっといつもイライラしていたんだろう。

価値観のズレに加えて、親父は酒グセも悪かった。一軒家に引っ越して外に飲み歩くことが減ったのか、毎日家に帰ってくるようになり、目に見えて両親の仲は悪くなった。

連日怒鳴り合いのケンカが行われた。母も気が強いほうだったので、親父にガンガン向かっていったから、ケンカはどんどんエスカレートしていった。

小学生の俺は、大好きな両親のそんな姿を見るのがとてもつらかった。妹もそれを見て泣いていたが、俺にはどうすることもできない。

ある日、酔っ払った親父が、俺と妹に「2階に行っていなさい」と言った。いつにない不穏な空気が家中に漂っていた。

あとから聞いた話だが、親父は包丁を持って母を脅かそうとしたらしい。母はさすがに危険を感じて、その日のうちに俺たちを連れてビジネスホテルに夜逃げした。翌日、校庭で友達とドッチボールをしていたら、教室にいたクラスメイトが「お父さんが教室に来てるぞー！」と叫んでくれて、見上げたらベロンベロンに酔っ払った親父が、上機嫌でこちらに手を振っていた。

親父が育った特殊な環境

親父は幼い頃から複雑な環境で育った。五人兄弟全員が腹違い、あるいは父違いで、兄弟とためらいなく呼べる関係ではなく、ひとりっ子同然だったらしい。しかも、みんな優秀でほとんどが東京六大学に進学したため、比べられることが多かったようで、兄弟に対するライバル心は強かった。だから、俺が学校のテストで悪い点を取ると、ひどく叱られた。おかげでどんどん勉強が嫌いになり、学校の成績は悪化する一方。そうなるとさらに怒られる、という悪循環だった。

小学校高学年の頃、酔っ払った親父に殴られて「お前は親戚中の恥だ！」と罵《ののし》られたことがある。親父の兄弟やその子供たちは優秀なのに、自分の息子（妹は優秀だった）が落ちこぼれだったのが恥ずかしかったんだと思う。

勉強ができなくて殴られたことはあったが、「お前は恥だ！」と言われたのはショックだった。小学校1年生の時に、過酷なイジメから救ってくれたヒーローに見捨てられた気がしてとてもつらかった。

この夜の出来事は、その後の俺の生き方に大きな影響を与えたと思う。「親父に認められたい！」「親父を見返したい！」という思いをずっと心の中に抱えることになったからだ。口うるさい母にもイライラするようになった。気がついたら家の壁を殴って穴を開けたり「うるせークソババア！！！」と暴言を吐くようになっていた。

母は絶対に何があっても自分を見放さないということに、どこか気づいていたんだろう。あんなに愛情を注いでくれた人は他にいないし、今の俺がその場にいたら「誰のおかげでここまで育ったと思ってるんだ！」と、当時の自分を立ち上がれなくなるまでボコボコにしてるだろう。

そんなダメ息子でも、母の愛はやはり深かった。俺の悪行を親父に報告すれば、間違いなく俺は殴られるから、母は絶対に親父に言わなかった。

中学に上がると、そこらへんの悪ガキがするような悪さは一通り通過してきたと思う。万引きが見つかって親を呼ばれた時は、駆けつけた親父にその場でボコボコにされた。

親父に殴られた時は「いてーな！」くらいにしか思わなかったが、帰りに母が泣いているのを見た時はドキッとした。

「今回の件は大河が悪い。でも、そうさせたのは私たち親かもしれない。私たち夫婦の仲が悪くて寂しい思いをさせていた。振り向いてほしかったのかもしれない」

母はそう言って泣き続けた。

俺は親父に殴られる恐怖より、母を悲しませた罪悪感のほうが遥《はる》かに大きかった。そしてショックだった。親を悲しませる行為はもうしたくないと思った。


やがて、小学生時代は鼻水垂らしてドッジボールしてたような友人たちも、いっぱしのヤンキーになっていく。

中学に入っても学校の成績はひどかった。県内で偏差値が一番下の高校に行けるかどうかも怪しかったが、山梨県の小淵沢という所にある私立になんとか受かった。このままどこの高校にも行けないいんじゃないかと心配していた親はホッとしていたようだ。

県立高校にも願書は出していたが、山梨の高校に行けば寮生活ができて親と離れられるので、そちらを選んだ。地元の友達と離れる寂しさや、知らない土地に行く不安より、親と離れられる喜びのほうが勝っていたからだ。

寮生活が決まった俺は、入学手続きをしに母と山梨へ向かう。その帰りに高校指定の制服屋に寄ったところ、店主が「学寮は寮費が高いし、不良の溜まり場だからやめたほうがいい」と教えてくれた。

そして、「躰道《たいどう》部という武道の部活の先生の家に下宿させてもらえば、武道を学べるし寮費も安いし、しっかり監視してくれているので安心ですよ」とすすめてきた。俺はこれまで親に迷惑かけてきた負目があったので、寮費が安くなるならそっちのほうがいいと言った。「武道を習えばいいんでしょ?」くらいの軽い気持ちだったが、とんでもなく厳しい生活が待っているとは夢にも思っていなかった。

毎日のようにボコボコにされた高校時代

躰道部の顧問の先生の家に下宿をさせてもらうことになったが、朝練から昼練、夜練と、とにかく厳しい部活であることを知るのに時間はかからなかった。

せっかくなので、躰道という武道を紹介させてもらいたい。

躰道は沖縄県出身の空手家・祝嶺正献《しゅくみねせいけん》先生という方が作った新しい武道で、昭和40年くらいにできた。歴史としては長くはないが、空手にバク転、バク宙などのアクロバティックな動きを取り入れており、見た目が華やかなのが特徴だ。

歌手の故・尾崎豊さんも幼少期に躰道をやっていて、ウィキペディアで調べると、躰道に関連する有名人で尾崎豊さんが出てくるのだが、その並びでＴＡＩＧＡの名前も出てくることが俺の小さな自慢のひとつだ。

集団生活はとにかく決まり事が多かった。今でも忘れられないのが食事の時間だ。まず先生が食事に箸をつける。その後3年生、2年生と続き、ようやく最後に1年生が食べることができるのだが、1年生は先に食べ始めた3年生より早く食べ終わり、さらに食器の片付けをしないといけない。そうなると1年生は味わって食べる余裕なんてなく、いつも流し込むように食べることになる。

親と離れたくて威勢よく実家を飛び出したはずだが、3カ月もしたらホームシックになっていた。躰道部の同級生たちもみんなホームシックになり、部活帰りに近くの線路を走る特急あずさを見ながら「実家に帰りたいなぁ」なんて弱音を吐いた。

3年の先輩たちに部室に集められ「気合いが足りない」とボコボコにされたこともあった。時代が時代だし、どこの部活もそんなもんだったと聞いた。

顧問の先生は、さらに厳しかったが、あのまま地元の県立高校に行ってたら、間違いなく暴走族に入り、道を踏み外していたであろう俺を、高校3年間見捨てることなく指導を続けてくれた。そして、3年の頃には団体戦で全日本優勝できるほどの実力もついた。

高校時代に躰道に打ち込んだおかげで、岐阜県の飛騨高山にある短大に推薦入学が決まった。短大の2年間は本当に楽しかった。中学時代は両親のケンカや親との確執もあって家にいるのが嫌だったたし、高校は部活三昧だったたから、初めて自由を手に入れたと思った。

短大の2年間、俺は青春を謳歌した。夜は女の子が集まるクラブでホールのバイト。中古だが紫のシャコタン軽自動車に乗って、夜な夜な走り回り、ナンパを繰り返した。

短大に躰道部を作ったことも良い思い出だ。高校3年間打ち込んだ躰道が好きになっていたし、もっともっと日本で広まってほしいと思ったからだ。先生に「教え子で卒業後に躰道部を作ったのは、お前が初めてだ」と褒めてもらった時はうれしかった。

この時期にロックンロールやロカビリーという音楽にハマった。ツイストというダンスを覚え、仲間たちとバンドも組んだし、酒を飲んで一緒に朝まで踊るのは楽しかった。

当時の俺は常に後輩を引き連れていたから「大河軍団」なんて呼ばれていたが、学内にはもうひとり目立っている男がいた。東京出身のそいつはロン毛でいつもギラついた目をしていた。茶色のシャコタンのクラウンワゴンを乗り回して、存在感をバリバリに出していた。

俺は気にしないふりをしつつ、そいつを強く意識してた。あとあと聞いた話だが、相手も俺を意識してたらしい。

小さな短大だったがふたつの派閥があったようなもんだ。でも中学生じゃあるまいし、ケンカをするわけでもない。「俺のほうがすごい」とお互い思っているのはなんとなく感じていたが、顔を合わせれば「よう!」くらいの会話はした。微妙な関係のまま卒業を迎えたが、のちに街で偶然再会し、俺のことをめちゃくちゃ応援してくれるようになる。

社会人になって買った憧れのマーバン

短い大学と書くように、2年間の短大生活はあっという間だった。卒業すると同時に実家に戻り、親戚の紹介で就職し、サラリーマンの道へ進んだ。どうしてもやりたい仕事ではなかったが、特にやりたいことがあったわけでもないし、コネで入れるし楽でいいと思っていた。

月曜から土曜まで、与えられた業務をこなして、自宅に帰ったらテレビを見て寝るだけの生活は退屈だった。だから、週末はとことん遊び回った。自慢の改造車で大黒ふ頭に行ったり、山下公園でナンパしたりクラブ行ったり。それだけが人生の生き甲斐だった。

サラリーマンになってからローンで買った車は、当時流行っていた中古のマークⅡのバン、通称マーバンだった。

当時、マーバンはナンパなイメージが強く、VIPカーなどのヤン車からは舐められがちだったが、マークⅡのバンを買ったのには理由があった。短大時代に死んだ親友が大切に乗っていたのが、マーバンだったのだ。

その親友とは入学後すぐに仲良くなり、彼の地元の富山県名物・ブラックラーメンを食べにマーバンで向かった。高山の街で女の子をナンパするのも、いつもマーバンだった。躰道の全日本選手権が東京であると聞くと「俺が送って行ってやるよ」と運転手を買って出てくれた。

短大時代に付き合っていた彼女にフラれた時に、「忘れよう!」と夜中にドライブに連れて行ってくれたのも彼だった。俺の思い出の中にはいつもマーバンがあった。

彼が不慮の事故で亡くなった時はパニックになり、深夜3時に実家の母親に泣きながら電話したのを今でも覚えている。

だから俺は、車を買うならマーバンにしようと決めていた。中古で見つけた車を100万で買い、重低音を出すウーハーも100万くらいかけて揃え、シャコタンにして、さらにマフラー切って直管で乗り回した。

そんな車で町田や横浜に行ったら、まぁ絡まれる。無視をするのが一番だが、しつこい相手は別だ。だてに武道をやっていたわけではなく、相手を返り討ちにしたこともあった。マーバンに乗っていれば怖いもんなんて何もなかった。

闇夜に鳴り響く「ゴッドファーザー」

危険な目に遭ったこともある。あの当時、神奈川県でも川崎と横浜の暴走族はむちゃくちゃ仲が悪く、粋がった車で地元以外を走るのはリスクがあった。だが、大きな街は誘惑も多い。週末の夜、川崎ナンバーのマーバンで、横浜に友人とナンパしに行った帰りのことだ。暴走族が50人ほど溜まっているガソリンスタンドが目に入った。

「しまった！」と思ったが、時既に遅し。Uターンすることもできず、さらにタイミングが悪いことに、目の前の信号が赤になって彼らの目の前で停車することに。

横浜の暴走族たちは、律儀に信号待ちをしている川崎ナンバーのマーバンにメンチを切っている。

俺は愛車を壊されることが何より怖かった。だから信号が青に変わると同時に、横浜の暴走族を刺激しないようにそーっと発進した。

帰り道は交差点を左だ。巻き込み確認をきちんとした上で、法定速度を守って静かに信号を左折する。だが、どれだけ丁寧にアクセルを踏んでも、直管のマフラーは「ボボボボボボ」と挑発しているかのような音を出す。

背中を冷や汗がつたう。50対2の勢力図で絡まれたら、間違いなく愛車がぶっ壊される。

ということでスピードを落としてゆっくりと左折する。ようやく切り抜けた、と思ったその直後、誤ってハンドル横にあるスイッチをオンにしてしまった！

「パパパパラパラパラパラパー」

夜中の街に鳴り響く『ゴッドファーザー』のテーマ曲。このタイミングで一番触ってはいけないスイッチだった。

「パパパパパパパ」の音を合図にして、横浜の暴走族は一斉にこっちの車に敵意をむき出しにした。そんなつもりはなかったのだが、最初にあおったのは間違いなく俺だ。

「ヤバイ！」

全力でアクセルを踏み込んだ。

バックミラーを見るまでもなく、爆音の集団がマーバンを追いかけてくるのがわかった。捕まったらただではすまない。もはや車が壊されるというレベルでは済まないだろう。ドラマさながらのカーチェイスが始まった。

後ろから迫る横浜軍団。必死に逃げる川崎マーバン。

だんだん地元に近づいてきたのがわかった。横浜から川崎に入る246の道路を渡る、その直前で急ハンドルを切る。このあたりの地理ならお手の物だ。小さい道を駆使して、暴走族を撒くことに成功した。
「パパパパラパラパラパラパー」
ざまぁーみろと言わんばかりのラッパを鳴らす。俺たちは一命を取り止めた。

特技に救われたオーディション

その後もダラダラとつまらない仕事を3年ほど続けていたある日、短大時代の友人から結婚式の司会を頼まれた。「まぁなんとかなるだろう」くらいの気持ちだったが、気の利いたことを言うと、参列しているお客さんが笑ってくれるのがうれしかったし、みんなの注目を浴びる快感も味わった。

友人たちも「楽しかった」と口々に言ってくれた。何よりも俺自身が楽しんでいたし、帰り際、結婚式場の人が「こういう仕事に向いてそうですね！」なんて言ってくれた。お世辞もあったと思うが、学生時代から目立ちたがり屋だった俺の心に、何か一筋の光が見えた気がした。

だが、家に帰れば、またつまらない毎日が始まる。社畜と化して給料日を待ちわびる生活。暗い部屋で自分の未来を想像する。芸能界という今までまったく無縁に見えた世界が、手を伸ばせば届く所にあるように思えた。そこには派手な車に乗って、きれいなおねえちゃんをはべらせている自分がいた。その時の俺は23歳。一度きりの人生、どうせだったら好きなことをして毎日楽しく暮らしたいと思った。

そして、もうひとつ、「お前は親戚中の恥だ！」と俺を罵った親父を見返してやりたい、という気持ちもあった。親父より稼いで「俺は誰にもできないことを成し遂げたぞ！」そう言いたかった。

スマホやインターネットなど一般的ではなかったから、オーディション情報が載った雑誌を本屋で購入し、気になった所に履歴書を送った。当時の俺は「どんなタレントになりたい」といった具体的なビジョンは何ひとつなかった。売れればなんでもよかった。とにかくテレビスターになりたかった。自宅の郵便受けに芸能事務所からオーディションの案内が届いた時はワクワクした。夢の世界へのパスポートに思えたのかもしれない。

オーディション会場に着くと、いかにも「それっぽい業界の人」たちがテーブルに座ってこちらを見ている。最初に「芸能の仕事とは」みたいなレクチャーを始め、やがて演技のオーディションが始まる。与えられたお題は「落ちている財布を周りの人に気づかれないように拾って逃げる」という演技だった。

ありきたりな設定だが、俺は本能的に「笑いをとってやろう」と思った。

とっさに思いついたのが、派手な動きをプラスすることだった。大袈裟にこける動きを足したら目を引くのではないか。今思えば、歩いてる最中にコケるなんて、素人が一発目に思い浮かべそうなベタなボケだが、これはウケると思った俺は自信満々に演技を始めた。

残念ながら、その演技がウケたのかスベったのか、まったく覚えていない。なぜかといえば、冷静に周りの反応を観察できるほどの余裕がなかったからだ。だが、演技後の質疑応答で、会場の空気が一変した。特技欄に書いた「躰道」がどんな武道なのか質問され、型を披露すると、会場からは「おーっ！」というどよめきと拍手がおきた。

数日後、再び手紙が届いた。

「合格」

自分なりに手応えを感じていたから、合格通知を見ても驚きはなかった。事務所に電話をすると、初日は挨拶と稽古があるから動きやすいジャージとタオルを持ってこいと言われる。

すぐに地元の友達に連絡をすると、みんな喜んでくれた。23歳で飛び込んだ芸能界という戦場。この先にはバラ色の未来が待っていると思っていたし、ようやく俺の本当の人生が始まったような気がした。だけど今ならわかる。当時の俺はなんの武器も持っていなかった。

message for TAIGA

from

ぺこぱ 松陰寺太勇

TAIGAさんへ

僕らの師匠、TAIGAさんとの出会いは12、3年前になりますね。初めて僕らが事務所に預かりという形で入って最初の事務所ライブでした。オスカープロモーションの、バラエティー部には売れている芸人はいませんでした。

「売れてる芸人なんて誰もいないんだし、全員ごぼう抜きにしてやろう」と鼻息荒く会場に入ったのですが、TAIGAさんを初めて視野に捉えた時、鼻息は窒息しました。

先のとんがった革靴、革ジャン、金属多めのニット帽、ダメージジーンズ、そして「盗れるもんなら盗ってみろ」と言わんばかりの金属多めの長財布が半分以上ポッケから出ていました。ガムを噛んでいましたが、今考えると牛の骨だったかも知れません。

僕らは「あの人はヤバそうだな」とヒソヒソしゃべっていましたが、ラジコンカーとツイストを踊りながらネタをやっているの見て、「ヤバイ」の確信に変わりました。
そこから、TAIGAさんを師として仰ぐようになり今に至ります。

お笑いとは何か?
ネタとは何か?
小さな事務所でのし上がって行くには何が必要か?

全てTAIGAさんに教わりました。特に印象に残っているのは、「お前らの事を何も知らない人がお前らのネタを見てどう思うか? 名刺を作れ」……中野坂上のモスバーガーのテラス席でデイリースポーツを見ながら言われた事です。ネタの形をなりふり構わず変えて来たのには、TAIGAさんの教えがありました。

代わりに僕は、

Wi-Fiとは何か?
ギガバイトとは何か?

速度制限とは何か?

を丁寧に教えてあげました。

僕らは2019年にM-1グランプリをきっかけに世に出る事ができましたが、それもTAIGAさんのおかげと言っても過言ではありません。「ネタがいいから、今着ている着物はやめて、派手すぎないナルシストなスーツがいい」……東中野の焼き鳥屋の外の席で言われました。TAIGAさんが核心を突いてくる時は必ず外です。

現実と芸能界が繋がっている事を証明してくれたのもTAIGAさんでした。

2014年、TAIGAさんがR-1ぐらんぷりの決勝に行きました。
2014年、TAIGAさんがR-1ぐらんぷりの決勝に行きました。
大事な事なので2回言いました。
自分の間近にいる人が賞レースの決勝に行けたんだ。煌びやかな芸能界と、今自分達がいるヘドロ色の世界が細い糸ではあるが繋がっているんだ、と実感できた瞬間でした。その後TAIGAさんはオスカープロモーションを辞めてサンミュージックに移籍します。

僕はTAIGAさんを追いかけてサンミュージックに行きたかったのですが、変えなきゃいけないのは事務所ではなく、自分達なんじゃないのか? そう思いました。

何も結果を出せていない責任と初めて向き合えたのもTAIGAさんのおかげでした。僕らはTAIGAさんと会う機会が減る事になるだろう。ただ、必ず何処かでライブで共演する事になる。その時に少しでも成長した自分達を見てもらいたい。

そんな思いを抱きながら、オスカーをやめてすぐモスバーガーで出会ってしまった事は言うまでもありません。


時を戻そう。

TAIGAさんへの恩返しに終わりはありません。これからもTAIGAさんがギリギリウーバーイーツのバイトを辞めれないくらいの恩返しをしていけたらと思っています。

message
for
TAIGA

from

ぺこぱ シュウペイ

TAIGAさんへ

TAIGAさんには前の所属事務所オスカープロモーションの時からお世話になっていますよね。

最初は、ライブの打ち上げや、ネタ見せの打ち上げでコミュニケーションを取る機会があり、そこから僕らと師匠TAIGAさんとの関係が始まりました。

すごくかわいがってくれて兄貴のような感じでもあります。

昔は、「こうした方がいい」とか、「これはシュウペイに合っていないんじゃないか」といったアドバイスをたくさん頂きました。

今ではそれが逆転して、「テレビ出たらどうしたらいいのかなー?」なんて聞かれる時もあります。

TAIGAさんは先輩からも後輩からも愛される人間性があるのになぜまだ売れないんだろうと、すごく心配になる時もあります。

素敵な奥さんとかわいいお子さんが2人いるけど普段の収入がバイトのウーバーイーツなので、早くお笑いだけで食べていきたい、広い家に住ませてあげたいと、常々言っていますよね。僕らの方でも仕事につながらないかと必死でTAIGAさんをプッシュしてはいますが、なかなか思うようにいきません。もっともっとTAIGAさんとテレビで共演してみんなに愛されてほしいなと思います。

TAIGAさんと一緒に、保育園にお子さんのお迎えに行ったり、ご飯を食べに行った時は僕が子供の隣に座ってご飯を食べさせてあげたりと、子供が大好きな僕にとってはTAIGAさんの子供も大事な存在です。これからどんどん大きくなっていく姿も一緒に見守れたらなと思ってます。

出会った頃は、ライブ終わりによく打ち上げに行きました。TAIGAさんが「2軒目に行こう」と誘うと、他の人が帰ると言い出し、「頼むからもう1軒行こう!」と言って土下座していましたよね。当時はTAIGAさんが怖い人だと思っていましたが、そういったところでイジっても大丈夫な先輩なんだと、僕たちに見せてくれたので、僕らはTAIG

Aさんの虜になりました。

TAIGAさんがR－1ぐらんぷりで決勝に行った時はテレビの前で正座して見たし、僕らがM－1グランプリの決勝に行った時は僕らをご飯に誘ってくれてアドバイスくれたり、3位になって帰ってきた時には、夜遅くにもかかわらずお店で待っていてくれて自分たちのことのように喜んでくれて、そんな心の広い愛情に溢れた先輩のもとでお笑いができて僕も幸せです。

これからもTAIGAファミリーとしてTAIGAさんについていく、いや引っ張ってってあげたいと思います（笑）！

第2章

スターへの道

天才タレント誕生!?

23歳で脱サラしてスターを目指した俺が、芸人を名乗るのはこれよりすこしあとになるのだが、最近は「同期は誰ですか?」と聞かれることが増え、そのたび答えに困ってしまう。

なぜなら、ものすごくボンヤリと芸人になったので、養成所の卒業年や、デビュー年がわからないからだ。最初はタレント志望だったし、芸人になったあとも、どこまで芸歴をさかのぼってカウントしていいのかわからない。

1999年に初めて芸能プロダクションに所属した時の仲間は、間違いなく俺の同期だ。稽古やオーディションなどが終わると歌舞伎町に飲みに行った。

俺はいつもみんなを笑わせていた。仲が良かった奴と漫才やコントみたいなやりとりをすると、みんなが笑顔になるのがうれしかった。

当時の俺は、自分のことを「演技も歌もうまくて面白いこともできる天才」だと思っていた。なんという自信だろう。

だけど、周囲の同期たちも俺と同じように自信家だった。酒を飲みながら「売れたらこんなことしたい」「あの街に住みたい」と大きな夢を語り合ったもんだ。だが、彼らの多くはとっくにこの業界を辞めてしまった。

ところで、もう時効だろうからこの場を借りて言わせてもらうが、デビュー当時、実はもうひとつの芸能プロダクションからも合格通知をもらっていた。悩んだ結果、ふたつの事務所に所属していた。

業界のルールも何もわかっていない俺は、かけもちして、どっちかうまくいきそうなほうでいいや、くらいに考えていた。

ふたつの事務所に在籍していたから、どちらからか仕事がくればそちらに行き、どちらの事務所にも顔を出した。とにかく売れればなんでもよかった。どちらの事務所でも、マネージャーさんたちに顔を覚えてもらうように挨拶回りをする、といった小さな努力は欠かさなかった。同時に自分の特技を伝えて、こういう役をやってみたい、こんな番組に出たいともアピールする。

事務所の中でも、力のありそうなマネージャーに気に入ってもらおうと、飲みに誘ったこともあった。その結果、仲良くなったマネージャーが、俺に優先的に仕事をふってくれるようになった。

初めてもらった仕事はＣＭのエキストラだった。携帯電話のツーカーセルラー東京（その後ＫＤＤＩに吸収）のＣＭの通行人役だ。砧スタジオに50人くらいのエキストラの男女が集められ、その50人が渋谷のスクランブル交差点みたいに行き来し、その真ん中で主役が携帯電話で話すというシーンだった。

代役の女性を主役に見立てたリハを何回もやったあと本番が始まる。「入りまーす」の声の方向に目をやったエキストラたちは「おーーっ」とどよめいた。この世界で売れたいと思ってることなどすっかり忘れ、ただの一般人と化していた。それくらい女優さんは美しかった。一流芸能人が放つオーラに圧倒されたまま、俺の初仕事は終わった。

運命を変える出会いの連続

ドラマのちょい役、バラエティー番組の1コーナーなど、仕事さえ選ばなければ、テレビにはちょこちょこと出ることができた。自分で言うのも恥ずかしいが、確かに顔は良いほうだったと思う。だが、他の人より飛び抜けて良いわけでもない。芝居がとりわけうまいわけでもない。バラエティー番組に出るたび、自分がなんの武器も持っていないことに気づかされるばかりだった。

そんなある日のこと、大きな仕事が決まった。『ロンブー龍《ドラゴン》』という、ロンドンブーツ1

号2号さんの番組の1コーナーのオーディションに受かったのだ。

俺に与えられた役割は、街でギャルを捕まえてギャル語を引き出すこと。ロンブーさんがその言葉に似た面白い言葉で落とす、という流れだ。たとえば、ギャルが「チョベリバ」と言えば、俺がロンブーさんに『『チョベリバ』きました！』と振り、ロンブーさんがそれを上手に料理してくれる。

当時からロンブーさんの人気は凄まじく、彼らが街を歩くたびパニックになったことを覚えている。実際にご一緒すると、おふたりの素人イジリはとにかく面白かった。素人を巧みに操り、面白いエピソードを引き出し、決定的な面白ワードで笑いをとっていく。下克上の芸能界で、若くして名をなした天才たちの本領を見た気がした。

ロケは毎回楽しかったが、俺は次第に自分が芸人という生き方に憧れていることを感じていた。芸人の世界はいたってシンプルだ。「面白い人が売れる」。役者やタレントより、売れ方がハッキリしていて俺好みだし、その生き様はカッコいいと思った。

そして、運命の出会いが待っていた。何気なくテレビをつける。タモリさんに扮するコージー冨田さんが、いろんな人のモノマネをして笑いをとっていた。どうやら飲食店のようで、ステージを見ているお客さんが笑ったり、拍手したりしている様子も流れていた。エンディングでは原口あきまささんも出てきて、ふたりの掛け合いに会場は沸きに沸いた。どうやら「ショーパブ」と呼ばれる業態の店らしい。

俺はカラオケやキャバクラでモノマネを披露し、友人たちを笑わせていた過去を思い出した。モノマネなら自分もできる。それを武器にすれば、手っ取り早く売れるんじゃないか……。

新宿にモノマネのショーパブがあることを知った俺は、友人と3人で電車に乗り向かう。敵の本拠地に乗り込んで、お手並み拝見くらいの軽い気持ちだった。


『そっくり館キサラ』は、新宿駅から徒歩5分ほどの雑居ビルの8階にある。エレベーターはのんびりと上がっていく。ガラにもなくワクワクしているのを感じた。

店内は薄暗く、昭和のキャバレーのような古びたソファーが並んでいる。流れている音楽も、さえない有線のチャンネルを垂れ流し。なんとも活気のない〝しけた店〟に見えた。

アルバイトであろう店員が席まで案内してくれる。俺たちはステージの目の前の最前列に案内された。店内を見渡すと、お客さんは俺たちも含めて10人ちょっと。100ほどの客席はかなりガラガラに見えた。最前列に座らされた俺たちは明らかに浮いていたが、ステージの芸人からイジられたりするかな、とすこし期待もした。

やがて店内が暗くなる。

BGMの音量がグッと大きくなり、アップテンポのオープニング曲の低音がズンズンと腹に響き、照明がピカピカ光り出す。「まもなくスタート！　拍手〜！」というナレーションで、観客たちは言われるがまま拍手をする。店内の空気が変わったのがわかった。

最初に出てきたのは、松山千春さんのそっくりさんで、最終的に5人の演者が登場した。最後は出演者全員が登場するエンディング。その後は演者が観客席に降りてきて、観客と握手をしたり撮影をする時間だ。

さっきまでステージにいた芸人が、自分たちの横まで降りてくる。その距離の近さに普通だったら親しみなどを感じるのだろう。だが、照明が落ちて暗くなったステージは、俺たちの座っていた客席のすぐ目の前にあった。本気で手を伸ばせば、あのステージに手が届く気がして、この舞台に俺も立ちたいと強く思った。

スポットライトが当たるほうへ

それから2回ほど、そのショーパブに足を運んだ。ある日、バイト雑誌にその店の求人情報が載っていることに気がつき、すぐに応募した。店のオープン前に履歴書を持っていくと、支配人のバッジを付けた人が出てきた。サラリーマン経験があり、過去に水商売などのアルバイト経験がある俺を即戦力として期待している様子だった。

その場で採用となり、「社員とバイトどちらがいい?」と聞かれたのはビックリした。アルバイトだと時給1000円でホールや洗い物などを担当し、社員だとホールや洗い物はもとより、発注や照明、ショーの構成も担当する。社員は月に6日程度休みが取れて、たしか月収25万くらい。本当はどちらでも良かったのだが、バイトの制服がダサ過ぎるのが気になり、「社員でお願いします!」と答えた。

迎えた初日。出勤すると、サラリーマンにしか見えない恰幅のいい男性が俺に近づいてきた。店長は第一印象通りの優しい人柄で、丁寧に仕事を教えてくれた。水商売をひととおり経験してきた俺にとって、仕事を覚えるのはさほど難しいことではなかったし、先輩たちともすぐに仲良くなった。

ショーが始まるのが19時30分で、出勤は15時。ホール掃除から始まり、前日に洗った皿やグラス、ボトルをテーブルに並べ、トイレや楽屋を掃除して、電話でお客さんからの予約を取り、あるいは店のシステムを説明したりと意外に忙しい。

今では開店前から行列ができる人気店となったキサラだが、当時は18時に店のドアを開けても誰もいなかったから、俺やアルバイトはビルの下に降りてチラシ配りをするハメになる。

客は少なくても、プロが見せるステージは、やはり勉強になった。ネタの見せ方、なんてことない客とのやり取り、それらすべてが新鮮だった。彼らにピンスポットを当てながら、自分もいつかあのステージに立ちたいと思っていた。

やることは単純だから、数週間もすれば仕事のコツもわかってくる。店長や社員、アルバイトの子たちと飲みにいくようになったのもこの頃だ。

営業が終わり、片付けが終わるのが深夜0時。タクシー代なんて持ち合わせない俺たちは、電車が走る朝まで飲むことになる。当時はまだ20代で体力があったから、昼まで飲むことも多く、寝坊して怒られたこともあった。解散してみんなと別れ、駅まで必死に辿り着いたら、新宿から小田急線の始発に乗る。

だが、寝過ごして小田原まで行ってしまうなんて日常茶飯事だった。「やっちまった！」と上りの新宿行きに乗ったら、また寝過ごして、気がつけば新宿で、家に帰るのも面倒になって、カプセルホテルで仮眠をとって仕事に向かった日もあった。

オードリー春日との出会い

ショーパブの店員は、社員もアルバイトもわりと真面目な奴らが多かった。水商売歴のある俺からしたら「なんで君がショーパブで働いてるの？」という感じの子が多く、春日もそのひとりだった。

芸人をやっているだけあって、どこかヤンチャそうな雰囲気があり、何より話しをしていて面白い奴だった。当時は「ナイスミドル」というコンビで、オードリーに改名するのは、その数年後だ。

春日は一緒にいて楽しい奴だったが、仕事はからきしダメだった。遅刻の常習犯で、さらにミスも多く、客に対しても気が利かない、使えないダメバイトの筆頭格で、当時の支配人にはひどく嫌われていた。

急なオーディションが入ることも多く、シフト変更もザラ。「もうクビでいいんじゃないか」と会議にかけられたのも一度や二度ではなかった。確かに仕事はできなかったが、プライベートで一緒にいる分には楽しかった。春日に辞めてほしくなかった俺は「自分がなんとか教育するので辞めさせないでほしい」とお願いして、かろうじて首の皮一枚で繋ぎとめていた。俺はきっとあいつのマイペースな所が気に入ってたんだと思う。

その日の店内会議でも春日の遅刻が多いことが議題に上がった。仕事も遅いし、言われたことしかできない。飲食・接客業に必要なのは、気を利かせて先回りすることだから致命的だった。

支配人が「急なシフト変更が多いし辞めてもらったほうがいいんじゃないか」と言い出し、その場にいたスタッフたちにも、やむを得ないのだろうなあという空気が漂っていた。

でも、俺はやっぱり春日と一緒に働きたかった。

「強くあいつを叱ります。次もこんな感じだと『ぶん殴るぞ！』くらい注意します。あいつは俺の言うことならちゃんと聞くんで、もう一度だけチャンスをあげてくれませんか」

支配人をはじめ、みんなに頭を下げると、TAIGAがそこまで言うならもうすこしだけ様子を見ようかと納得してくれた。

だが、そんなやり取りがあった会議当日も、春日は遅刻してきた。バイトは18時に出勤して、まかないのカレーを食べて、18時30分のオープンに備えて準備を始めることになっていた。だが、自分がクビになりかけていることを知らない春日は、18時10分に出社してきたのだ。

メンツを潰されたも同然で腹が立った俺は、遅れてきた春日のケツを蹴り飛ばして、思い切り怒鳴りつけた。春日はビビって「すいません！　すいません！」と謝っていたが、俺はつとめて冷静に、今の春日が現在おかれてる状況を説明した。「ちゃんとやらないとクビになるんだよ！」とかなり強い口調で伝えた。

春日は下を向いていた。怒っている俺にすこし怯えていたようだが、心から反省している様子だった。

「さっさと仕事に入れ」

「はい」

俺に遅刻をこっぴどく叱られて反省していたので、そのままフロアの清掃作業を始めるのだと思っていたが、春日はまかないのカレーが置いてあるコーナーに真っすぐ歩いて行った。

てんこ盛りにカレーをよそい、いつも通りうまそうに食べている春日を、さらに叱りつけたのは言うまでもない。

何十年も経った今ならわかる。春日の中で遅刻や今までの失態は、俺に怒られ謝った瞬間に終わったことなのだ。今までのミスを取り返そうなどという気はサラサラない。怒られて説教され謝った。さぁいつも通りカレーを食べようということなのだ。

春日とはその日の仕事終わりも飲みに行った。ホントにめちゃくちゃ怒っておいたかというと、どちらかといえば俺がブチギレして春日が反省している姿を見せるというパフォーマンスも入っていた。

「お前、今日の会議で本当にヤバかったんだからな」と酒の席で盛り上がったことは言うまでもない。

ナイスミドルが前説デビュー

給料日前や週末など、たまに満席近くお客さんが入るものの、当時のキサラの平日は閑散としていた。だからというわけではないが、体力が有り余っていた俺たちは、仕事が終わったあとの飲み会をいつも楽しみにしていた。いつものように明け方まで飲んで、二日酔いの頭を抱えて出勤すると、月に一度の定例会議の日だった。

最初に上がった議題は、ダメバイトとしておなじみの春日が組んでいる、「ナイスミドル」というコンビを前説として舞台に立たせるかどうかだ。事務所からお願いされたというが、社長や支配人は勤務態度が不真面目な春日を舞台に出すことを渋っている。しかし、彼らが所属する事務所には普段からお世話になっているから「ナイスミドルはダメです」とも言いにくい。

結局、事務所との付き合いを考慮して「月2~3回、さらにノーギャラなら」という条件で出演してもらうことになった。彼らは自分たちのネタを、お笑いライブではなく、ショーパブというアウェーな場所で磨いて、腕を上げたかったんだと思う。ある程度ウケればギャラも出るようになるし、ショーパブのまかないもありがたかっただろう。

ただ、当時のショーパブの前説という仕事が名誉なものだったかというと、決してそうではなかった。ほとんどの客がステージに注意を払ってないし、ショーパブに出る芸人は正統派ではないという風潮もあった。「芸が水っぽくなる」などとバカにされていた。そこにあえて出ると決めたということは、とにかく場数を踏みたかったんだと思う。

ナイスミドルの前説が決まった日、お祝いと称して春日を連れて飲みに行くと携帯が鳴った。「すいません、ちょっと出てきます」と言って春日は席を立つ。電話で中座というと、普通だったら2〜3分、長くても10分くらいで帰ってくるだろうと思うが、春日はいつも席を立つと30〜40分は戻ってこない。

「すいません」と言いながら電話から戻ってくる。誰かに怒られたのか、あるいはツライことがあったのか、浮かない表情をしている。だが、バイト先で怒られても、その場でチャラにしてしまう春日だから、気がつけば楽しそうに笑って飲んでいる。

ある日、電話から戻ってきた春日に、誰とそんなに長話しをしていたのかと尋ねた。怒られると思ったのか、「すいません。相方です」としおらしく答える。電話の相手は春日の相方、俺がまだ顔を見たことがない男、若林正恭だった。

今だから正直に言うが、相方が先輩と飲んでる最中なのに、平気で30〜40分も電話を続ける若林を、最初は非常識な奴だと思っていた。男同士が夜中に30〜40分も何を喋るんだよ、とも思った。

のちに聞いた話だが、当時のナイスミドルはライブでもスベりまくっていて、若林は芸人を辞めようかと悩んでいた時期でもあったらしい。だから、春日が何も考えずのほほんと酒を飲んでいることに憤りを感じていたのだろう。電話のほとんどはネタの相談だったようだ。今思えば、若林は当時からストイックだった。

ナイスミドルの初前説の日。ライブを一度見に行ったことがあるので、若林を見るのは初めてではなかったが、会話をするのは初めてだった。俺は楽屋で若林に声をかけた。それまでの悪いイメージはどこへやら、とても素直で気持ちのいい奴だなと思った。

さて、肝心のナイスミドルの前説だが、お世辞にも面白くなかったし、まったくと言っていいほどウケてなかった。緊張はしていなかったようだが、まあネタが面白くない上に、相手がショーを見にきたお客さんだから彼らの分は悪い。

それでも、春日と若林のふたりは、慣れないショーパブの舞台で必死に戦っていた。漫才がダメならショートコントを試すなど、試行錯誤を続けたが、支配人や店長は事務所との兼ね合いもあり無下にもできず、いつも苦虫を噛み潰したような顔をしてステージを見つめていた。

それでも俺は、舞台でもがくふたりを心の中で応援していた。

プレスリーのモノマネに活路

ショーパブで連日開催されるモノマネショーはとても楽しかった。全国的にはまったく無名の芸人でも、こんなにも面白いのだと驚いた。まだ売れる前ではあったが、「佐賀県」でお馴染みのはなわさん、あややのマネでブレイクした前田健さん、しゃべり芸の達人ホリさんなども出演していた。

名だたる実力派の中でも一際人気だったのがコージー冨田さんだ。ショーパブのステージは1カ月前から予約が取れるシステムなのだが、コージーさんが出演するひと月前は、受付開始の15時から電話が鳴り止まなかったから、それを見越してアルバイトの人数を増やしていたくらいだ。その頃の俺はというと、ショーパブとの両立が厳しくなり、芸能事務所は気がついたらフェードアウトしていた。

ステージの下で毎日モノマネショーを見るようになると、あることに気づく。それは芸人さんたちの見せる芸のクオリティーの高さだ。当時、地元の友達に披露してたモノマネなど話にもならない。どうやったら自分がこのステージに上がることができるのかを毎日考えるようになった。

似てるだけのモノマネならごまんといる。歌がうまいだけならごまんといる。たくさんのライバルがいる中で売れるなんて、めちゃくちゃ難しいことなんだ。

どうしたら売れるのか。それは「自分にしかできないモノマネ」という武器を手にすることだという結論に辿り着いた。

他にやっている人が少なく、自分にしかできないものはなんだろう。それが、キングオブロックンロール「エルヴィス・プレスリー」だった。

エルヴィスをショーパブでやってる人がいなかったのは、そもそも需要がなかったのかもしれない。エルヴィスが特に人気だったのは、俺たちの親よりさらにすこし上の世代。ショーパブに来るお客さんの層に合ってなかったんだと思う。

でも、俺は昔からロックンロールやオールディーズが好きだったし、面長でどことなくエルヴィスに似ていたから、衣装やメイクを徹底的に寄せて、英語で歌えばそれっぽくはなる。登場はエルヴィスで出て、そこからいろんなモノマネをすれば、そのあとのネタも似ていると思われるんじゃないだろうか。

世界チャンピオンとの出会い

働き出して半年が経とうとしていた。仕事終わりに店長と飲みに行った時に、これまで隠してきた自分の夢を語った。ショーパブのスタッフとして成功したいわけではないこと、これまでも芸能活動をしてきて、最終的にはタレントとしてステージに上がりたいこと。店長はすぐに動いてくれた。エルヴィスの衣装や音源など、どうやったら手に入るのか調べてくれた。日本人でエルヴィス・プレスリーのモノマネで世界チャンピオンになった森泰正さんという人の存在も教えてくれて、実際に話を聞くこともできた。

当時の店長は本当によくしてくれたから感謝しかない。店長は教員をやっていたのに、それを辞めてショーパブで働くほどお笑いに理解を持った人だったから、「モノマネタレントになりたい」と言う俺を、ものすごく応援したくなったようだ。

森さんは月に一度、六本木のライブハウスで『エルヴィス・ナイト』というイベントをやっていて、「そんなにエルヴィスが好きなら、歌いにおいでよ」と声をかけてくれた。森さんの好意に甘えて、エルヴィスのモノマネで生バンドで歌わせてもらうことになった。

初めてのステージで俺はかなりの手応えを感じた。エルヴィス好きが集まるオールディーズライブで、俺は爆笑をとったからだ。

なぜそんなにウケたのか。ネタバラシをすると、ショーパブで見てきた芸人さんがやっていたＭＣのトークや演出を、見よう見まねでそのままステージでやったからだ。プロが磨いてきた技を拝借すれば、それはウケる。さらに、エルヴィスファンが集まるライブなのだから、ハードルも下がっていた。

だが俺は、そのことに気づかず、自分にはやはり才能があるのだと有頂天になっていた。

芸人として戦う覚悟

この頃には、六本木のライブハウスをはじめ、数回営業をこなして多少なりとも自信がついていた。店では誰もやっていないエルヴィス・プレスリーのモノマネができる強みもわかっていた。もちろん衣装や音源も揃えてある。

熱意を買ってくれていた店長は、月に一度の定例会議で話してくれることになった。

会議には店の関係者だけでなく、芸能事務所の代表たちも集まり、「店をもっと盛り上げるためにはどうしらいいか」「こんなタレントを入れてみよう」と話し合う。従業員がステージに立つという前代未聞の提案は、意外にもすんなり受け入れられた。

「あいつか！」

「プレスリーなんてやってるんだ」

「面白そうじゃん、出そうよ」

こんな感じで、あっという間に話が決まったと聞いた。会議から戻ってきた店長は、笑いながら言った。

「トントン拍子で話が進んでさ。今夜のショーから出演しろって」

「でも衣装とか持ってきてませんよ」

「スタッフの格好で出ちゃえばいいじゃん」

その時、俺が身につけていたのは他のスタッフと同じ、黒のスーツ、青のワイシャツ、そしてネクタイ。ショーが始まるまではスタッフとして接客をして、お客さんに顔を覚えてもらい、いざショーが始まったら、突然ステージに上がって、「いやいや、さっきの従業員じゃん！」という客席からのツッコミを狙えばいい。

ショーが始まった。客席フロアではいつもよりハキハキ、キビキビとお客さんから注文を取っていたが、いつでも動けるように全身の感覚は研ぎ澄まされている。

「まずはエルヴィス・プレスリー　オンステージ！」というナレーションとともに曲が流れた瞬間、ステージに駆け上がりマイクを手にすると、お客さんはポカンとしていた。それはそうだろう。どんなエルヴィスのそっくりさんが出てくるのかと思ったら、さっきまで横で働いていた従業員がステージに立ったのだから。

俺が歌い始めると、驚きの表情はすぐに大爆笑に変わった。肝心のステージの評判もまずまずだった。そこから定期的に、出演者としてショーパブの舞台にも立たせてもらうようになった。先輩芸人さんたちも口々に褒めてくれたのがうれしかった。

他のスタッフに負担をかけることは心苦しかったが、当時の社員やアルバイトたちは俺の夢を知っていてくれたから、「こっちは大丈夫だからステージに集中しなよ」と応援してくれた。

余談だが、ショーパブに出演していた芸人の中には、俺のことを面白く思っていない人もいたと、あとから聞いた。

「素人が調子に乗って舞台に上がりやがって。この店もおしまいだ」とボロクソに言っていたらしい。その人の気持ちもわからなくはない。だが、多くの芸人の先輩たちがステージに立とうとした俺の勇気を褒めてくれた。それが何よりもうれしかった。そうやって俺のことを心から応援してくれた先輩たちは、みんな先に売れていった。一方で、陰口をたたいていたという芸人さんがその後も第一線で活躍しているという話はまったく聞かない。人の努力を笑ってはいけないという、いい反面教師となった。

message
for
TAIGA

from

納言 薄幸

「なんだかよく分からないけど、芸人に慕われてるなこの人」

それが私のTAIGAさんへの第一印象です。

本当に何だかよく分からないのですが、TAIGAさんの周りにはたくさん芸人が居ました。

コロナ禍に入る前、毎年芸人30、40人が集まる大忘年会が開催されていました。

TAIGAさんと初めてお会いしたのが、その忘年会だったかと思います。

その大忘年会にはLINEグループがあるのですがグループ名は〝TAIGA主催忘年会〟でした。

「へー、こんなに人望のある方なんだ」と感激した事を覚えています。

のちに分かりましたが、誰かがイジってグループ名を〝TAIGA主催〟と付けただけで、TAIGAさんはメンバー招待から日程調整、店選び何ひとつやっていませんでした。

本当に、何から何まで何ひとつも、です。

なんなら遅れて来て、早めに帰ったりしてました。

でも、そんな雑なイジりをされるのも、TAIGAさんの人柄なのだと思います。

ぺこぱさんやカズレーザーさんは、もう古くからの付き合いがあるので、TAIGAさんを師匠と慕っているようですが（カズレーザーさんはそれを頑なに否定しますが）私は付き合い歴で言うと、4年前後でしょうか。

お三方に比べたら歴が浅いですし、ネタや仕事のアドバイス等を貰った事もありません。

したがって、そこまで慕っておりません。

ハッキリ言います！　慕っておりません！

しかし、私は一人の人間としてTAIGAさんがとても好きです。

少し前まで許可した人の今居る場所が分かる、位置情報共有アプリZenlyを芸人仲間何人かでやっていました。

TAIGAさんもその中に居たのですが、夏のある日の昼過ぎの事。

早めに仕事が終わった私はふとZenlyを見ると、近くにTAIGAさんが居る事が分かりました。

「おやおや、ウーバー中かな？　様子を見に行こう」

Zenlyが指し示すTAIGAさんの居場所へと向かうと、駅前の広場に着きました。

お弁当を食べているOLさん、おしゃれなコーヒーを飲んでいるカップル、笑顔でお菓子を食べている親子、各々が素敵な平日の昼下がりを満喫していました。

そんな穏やかな空間の中、一際目を引く人物が居ました。

毛量の多い髪の毛を、無理矢理ヘアバンドでまとめ、自分の家かのように深く椅子に腰掛け、足元には既に空けたのであろう缶の酒、片手にはまだ入っているのであろう缶の酒を持って、酒を一口飲むと、気持ち良さそうに天を見上げる日焼け男。

完全にTAIGAさんでした。

「TAIGAさん何やってんすか！」

私が声をかけるとうれしそうにTAIGAさんは笑顔を見せ、私に言いました。

「おーみゆき！　今日はウーバー終わったから、打ち上げしてんだよ！」

私もウーバーのバイトをしていた時期があるので分かります。

ウーバーに、終わりなんてもん、ありません。

あれは、己が勝手に終わらせるもんで、やろうと思ったら永遠にやれるものなのです。

どうやらこの日は、ウーバーの報酬が思いの外良かったので、早々に切り上げ飲み始めたそうです。

多少なりともテレビに出ている人間が、平日の昼間から広場でひとりで酒を飲んでいる姿に、私は感動すら覚えました。

その後、私に缶チューハイを3本奢ってくれて、太陽の下、ふたりでウーバーについて語り合いました。

お笑いの事なんて一切話さず、ウーバーについて語らったあの時間は、非常に貴重な思い出です。

これからもっと露出が増え忙しくなっても、顔をさされながら堂々と平日の昼間からTAIGAさんには広場で酒を飲んでいてほしいです。

しばらく広場で飲んだ後、TAIGAさんとチャリを押しながら東中野に移動し、東中野の焼き鳥屋さんの外の席で飲み直しました。

広場からの外の居酒屋。

TAIGAさんは本当に外が好きなんですね。

ウケます。

途中から奥様とお子さん2人が合流したのですが、奥様が座ってゆっくりご飯を食べられるように、まだ小さな次男君をTAIGAさんはずっと抱っこしていました。

そんな姿に、家族って良いなとしみじみ思いました。

TAIGAさんに感動した出来事が、もうひとつあります。

何年か前のオールスター感謝祭のミニマラソンで一緒になった時。

その年はドイツ村での開催でした。

一般女子枠なので、出演者の中で一番最初にスタートした私。

煙草と酒で、体力なんて捨てたのと同然な私は、序盤から静止画と間違われる位、ゆっくりと歩いていました。

当然続々と抜かれていき、追い抜いて行く色んな芸能人の後ろ姿を見ながら、心の中で頑張れーと、バカみたいに応援していました。

私の後にスタートしたTAIGAさんにも抜かれました。

〝TAIGAさん速いな〟と思っていると、しばらくすると、もう一度TAIGAさんに抜かされました。

〝TAIGAさんに2回抜かされたって事は、TAIGAさん一位じゃないか？〟

ゼェゼェ言いながら、先頭を切るTAIGAさん。

その後ろ姿はなんともカッコよく、私には家族のために一位になって賞金を掴み取るんだとか、少しでも感謝祭に映ってやる、とか色んな思いを背負った後ろ姿に見えました。

頼もしいその後ろ姿。

〝TAIGAさんについて行こう〟

不思議とそんな気持ちが生まれ、歩いていた私はダッシュで、TAIGAさんの元に走り並走しました。

私が再びバテるまでの間、しばらくTAIGAさんと並走していましたが、ドイツ村のイルミネーション達はTAIGAさんを照らすために光ってんじゃないかと錯覚まで覚える程、あの時のTAIGAさんは輝いていて、頑張る親父はかっけえなと思いました。

ごめんなさい。

ちょっとそれっぽく書きましたが、TAIGAさんと並走した本当の理由は、一位と並んで走りゃテレビに映れるだろと思ったからです。

でも、あの時のTAIGAさんは、スターでしたよ。

年齢や芸歴、事務所もまるで違うTAIGAさん。

前半にも書いた通り、仕事のアドバイスをもらったとか、TAIGAさんのおかげで仕事が上手く行った、とかそんな芸人としての熱い思い出はひとつもありません。

ただ私は、TAIGAさんの人間性がとても大好きです。

年齢も芸歴も事務所も違う私をかわいがってくれる懐の深いTAIGAさん。

いつまでもカッコいいＴＡＩＧＡさんで居てください。
私、週3でウーバー頼んでるので、いつかうちに配達に来てください。
そのままウーバー終わらせて、一緒に飯食いましょう。

第3章 TAIGA修業時代

フィリピンパブで初営業

店員として働きながら、ステージにも立っていた俺は、他の店員と比べたらやはり目立っていたのか、ショーパブに出演しているモノマネ芸人さんたちと、どんどん仲良くなっていった。

気軽に声をかけられたし、頼まれた用事が終わったあとも、なんてことない世間話をするようになった。ある日、田村正和さんの古畑任三郎や、美空ひばりさんのモノマネをするツートン青木さんから声をかけられた。

「小田原のフィリピンパブから、エルヴィスのモノマネできる人いないかって聞かれたけど行く？」

ショーが終わり楽屋付近を掃除していた俺に、ツートンさんは願ってもない話を持ってきてくれた。

「行きたいけどまだまだ下手くそだし、レパートリーもそんなないのに、いいんですか？」

ツートンさんは「俺も知り合いにも『そんなに本格的じゃないよ』と伝えてあるから大丈夫だよ」と笑ってくれた。俺に求められたのは、30分×2ステージ。不安はあったが、自分なりに構成を考えるのは楽しかった。

そして、記念すべき初営業の日。小田原のフィリピンパブに着いてすぐ、衣装に着替えてスイッチを入れる。楽屋はスタッフが着替える小さな更衣室だ。たまにキャストが入ってきて「あ、すいません」と気まずい空気になる。

スナックに毛が生えたくらいの大きさのハコで、いかにも田舎のキャバレーといった内装だ。俺は音源をスタッフに手渡し、進行などを伝える。やがてオープニング曲がかかり、MCが拍手を煽り、俺は満を持してエルヴィス・プレスリーの衣装で登場する。

すると、お店のフィリピン人女性スタッフから大歓声が上がる。ほとんどのフィリピン人は英語をペラペラ喋れるから、日本人よりもエルヴィスに詳しいのだ。新宿とは比べ物にならないほどのノリの良さだ。手拍子に掛け声、中には踊り出すキャストもいた。ステージは盛り上がり、それに比例するかのように客からのチップも弾む。ノリノリになった俺は、ツイスト踊ったり腰を振ったりと、いつもより派手なパフォーマンスを繰り出す。もちろん、彼女たちは大喜びだ。

第1部の大盛り上がりで気を良くした俺は、それまで以上にテンションを上げて2部のショーに挑んだ。勢い余ってツイスト踊ってる最中足を捻って捻挫したが、おかげで2部も大盛況。初めての営業は大成功で幕を閉じた。

営業終了後、終電が終わっていたので、オーナーが都内まで車で送ってくれた。細かい会話はよく覚えてないがオーナーは非常に喜んでくれていた。俺も2ステージを終えた直後で興奮していた。

だが、その店のノリがたまたま良かっただけ、ということに気づくまで、長い時間を必要としなかった。

初めてのお車代に感動

素人に毛が生えたような腕前の俺だったが、ひとりで30分2ステージを無事に終えたことは大きな自信にはなった。ただ、その後も営業に意気揚々と挑んではみたが、客の反応はというと……正直、からきしだった。たまたま小田原ではうまくいっただけ、そう気づくまで時間はかからなかった。

ただ、米軍基地やフィリピンパブなど、外国人のお客さんが多いハコでショーをする時はとにかく盛り上がった。やはり日本人はおとなしくて真面目なんだ。先輩たちみたいにお客さんを盛り上げられるよう、自分の芸をもっと磨かなければと思った。

俺が初ステージを終えたちょうどその頃、ショーパブのお客さんと仲良くなった。常連の木戸さんは角刈りで恰幅がよく、まぁどう見てもカタギには見えない風貌だった。しかもその横には、大和さんというこれまたコワモテな人がぴったりとついている。身長180センチ以上あるガタイのいい大和さんは、ボディーガードのようにいつも怖い顔をして周囲に睨《にら》みをきかせていた。

木戸さんがショーパブに来る時はいつもほろ酔いで、ショーが始まるまでは静かに焼酎の水割りを飲んでいた。毎回、きれいな女性を連れて、楽しそうにショーを見て、気に入った芸人にはチップを渡していた。

木戸さんは目立ったし、ショーパブのスタッフや芸人たちの間では有名人だった。ある日、木戸さんが来た時に「いらっしゃいませ木戸様、こちらのお席にご案内します」と言ったら、驚いたような顔をした。

「あんた、俺のことを知ってるのかい?」

「もちろんです。いつもありがとうございます」

すると「うれしいね〜」とニカッと笑い、チップをくれた。そして「このあと歌舞伎町で飲むけど、兄ちゃんも一緒に飲みに行くか?」と誘いを受けた。閉店後にいそいそと片付けをして、木戸さんと合流して、その日は歌舞伎町の飲み屋を数軒ハシゴした。

何軒目か忘れたが、自分も芸人の端くれであることを伝えたら、「1曲歌ってくれ」という流れになり、唯一といっていいレパートリーのプレスリーを披露したら、喜んでくれた。深夜2時を越えたあたりで、今夜はお開きという雰囲気になる。すると木戸さんは「今日は来てくれてありがとう」と言って俺に何かを手渡そうとする。木戸さんの手を見ると数枚の1万円札が握られていた。

俗にいうお車代だ。車代と言っても本当に自宅まで乗るタクシー代金ではない。日雇いバイト2〜3日分の大金をくれるのだ。

お車代は噂に聞いたことはあったが、実際に目にするのは初めてだった。ちょっと歌って、きれいな女性と酒を飲んで、飲み代を払ってもらった上に、お金がもらえるなんて。

俺はかつてない経験に舞い上がった。同時に、この人に気に入られたら、これからもチップやタクシー代をもらえるに違いないという、よこしまな考えも生まれていた。ちなみに、木戸さんは都内で20店舗ほどのキャバクラや飲食店を経営する社長さんで、大和さんはそこの番頭格の従業員だった。

木戸さんは俺のことを「TAIGA」と呼んでかわいがってくれた。「腹が減ったら電話してこい。メシを食わせてやるから」と言って、実際に連絡すると、焼き肉などに連れて行ってくれた。

ある時、木戸さんは俺に向かってこう言った。

「お前が売れるまではメシ食わしてやる。でも売れたら2度と俺のとこは来なくていいからな」

飲みの場に呼んでくれる社長は他にもいたが、ほとんどは「この恩を忘れるなよ」とか「売れた途端に呼んでも来なくなったら承知しねーぞ」と凄むような人ばかりだったから、不思議に思った俺は「なんでそんなこと言うんですか？」と聞いた。

木戸さんは手にしていたグラスをテーブルに置いた。

「芸能の世界で売れたらまた別の付き合いが始まるし、もっと大変なこともたくさんあるだろう。その時、お世話になっていたから『たまには顔出さないと』なんて思っていると、お前の足を引っぱる。売れた時点で恩返しは終わってるからそれでいいんだ」

それから10年以上、木戸さんにごはんをたらふく食わせてもらった。タクシー代をもらって、それを生活の足しにした。感謝してもしきれないほどお世話になった。

絶対に売れて、木戸さんに恩返しをする。俺の人生に新しい目標ができた。

ショーパブ芸人が新ネタをやらない3つの理由

ショーパブの舞台に出るようになって2、3年。ようやくステージに立つことにも慣れてきた。俺は新ネタを試す場として魅力を感じる一方で、ショーパブというものに疑問を感じ始めていた。

初めてショーパブを見た時の感動は今でも覚えている。世間に知られていないだけで、面白いステージを見せてくれる芸人が、たくさんいることに俺は驚いた。

だが、いざ自分が演者側になってみると、ほとんどのショーパブに出てる芸人が、同じネタを繰り返しているだけの生ぬるい世界だと思うようになっていた。

たとえば、ステージでやる演目も、毎回ほぼ同じ。一言一句同じことを日々繰り返すだけの芸人もいた。そんな芸人がメジャーになれるわけがないだろう。

なぜショーパブで芸人が同じネタを繰り返すのか。それには3つの理由がある。

ひとつめは初見のお客さんが多いこと。新宿という場所から、観光客も多い。地方からきたはとバスツアーのお客さんは、東京の名所のひとつとして、ショーパブに足を運ぶ。一見さんのお客さんなので、いつもと同じネタだったとしても、ほぼ間違いなくウケてくれるのだ。

ふたつめは、お客さんが酒に酔っていてハードルが下がっていることだ。久しぶりに見に来たお客さんでも、時間があいてしまえば前回の内容なんてあまり覚えていない。おまけに酒に酔っているから、毎度楽しそうに笑ってくれる。

3つめは、これはモノマネ業界独特の慣習なのだが、モノマネ芸人は売れてなくても営業が定期的に入ってくるからだ。ショーパブのステージと月に何本かの営業があれば、バイトをしなくても生活ができる。だから、ストイックに新ネタを作らなくとも、同じことの繰り返しで食っていけたのだ。

だが、売れてテレビに出るためには、オリジナリティーのあるネタを発明しなければいけない。俺に一体何ができるだろう。

まずは、店長に掛け合って、「俺たちだけの日を作ってもらえないか」と直訴した。当時の若手を評価してくれていた店長は快諾してくれ、こうして、月に一度の「若手デー」が始まった。

当時のメンバーはみな若く、尖っていた。ケンカもよくした。

何度目かの打ち合わせの時のことだ。「こんな構成でどうだろう」と提案をしたところ、宇多田ヒカルのモノマネで知られるミラクルひかるが「だったら、こんなのはどうですか?」とさらに提案してきてくれた。

ただ、いかにも客に媚《こ》びた演出に思えたので、「そういうのはやめないか」と返すと、負けん気の強いミラクルは頭に血が上ったようで突っかかってきた。議論は徐々にヒートアップし、次第に腹が立ってきた俺は、ミラクルが座っていたイスを蹴り上げた。

「テメーが男だったらぶん殴ってるからな!」

他のメンバーは見事に固まってしまっていた。「まあまあ」と言いながら誰かが止めてくれたが、ミラクルはふてくされて、こちらを見ようともしない。どっちが正しい、間違ってるとか、そんなことではなかった。ただ、みんな売れたくて必死に頑張っていた。そんな熱い気持ちで集ったメンバーだから、もちろんすぐに仲直りした。諍《いさか》いから10数年後、俺の結婚式でミラクルが宇多田ヒカルを歌ってくれたのは、良い思い出だ。

営業でメシを食えるようになるまで

芸人の大切な仕事のひとつに「営業」がある。どんな芸人でも、営業を月に数本こなせば、食っていくことができる。だから、若い頃は喉から手が出るほど、営業の仕事が欲しかった。

営業というとモノやサービスを売り込みに行く営業マンを想像するかもしれないが、芸人の営業とは、イベントに呼んでもらうことを指す。お祭り、学園祭、企業の貸し切りパーティー、ショッピングセンターの催事、飲み屋の周年イベントなどなど。これらに出演して盛り上げるのが芸人の営業だ。

一概には言えないが、売れてない芸人でも営業のギャラは一回10万ほど。新人だと3〜5万くらいだろうか。そこから事務所や業者が半分くらい持っていくが、新人でも最低1万5000円はもらえる計算だ。

営業の持ち時間は、だいたい10分〜30分だから、稼働時間でギャラを割ったらすごい時給になる。考えてほしい。新人が30分で3万稼げる仕事なんてあるだろうか。売れてる人だと一本20万もらえるし、聞くところによると、一本200万〜数千万なんて大物もいるらしい。

ギャランティーだけでいうと、営業はテレビに出るよりもぜんぜん稼げる。だからテレビにたくさん出て顔を売って、営業でしこたま稼ぐというのが、今も続く芸人の成功パターンだ。俺たちは営業に呼ばれたら、基本的にどこでも飛んでいく。

その日の営業は関西だった。ホテルのパーティールームを貸し切ったパーティーに呼ばれて、俺を含め3人の芸人がステージに立つことになっていた。

トップバッターは俺だった。いつも通り高めのテンションでネタを始めようとしたのだが、どうにも空気が重い。その理由はすぐにわかった。客席には、少々ガラの悪そうな人たちがニコリともせずズラリと並んでいる。これは難しそうな現場だとすぐに気づき、しゃべりマネなどのネタに切り替える……がウケない。静まりかえった空気の中、MCなどで巻き返そうとするが、そのMCもウケない。八方塞がりである。

すると、前のほうに座っていた特にガラの悪そうな男が「おいこら、笑えへんぞ！」とヤジってきた。今だったら「面白かったら売れてますよ！」などと気の利いた返しができるが、その時は対処する余裕もまだなかったので、聞こえないフリでスルーしようとした。

その男は、かなり酔っ払っているようだった。すると、その隣にいた男も「ぜんぜん似てへんやん」と絡んできた。スルーしようにも、「シーン」「つまらんなー」「早く笑わせろや」とヤジはヒートアップするばかりだ。

総勢200人の大乱闘

俺はムカつきながらも心を落ち着かせ、「いつも通りやるだけだ」と自分に言い聞かせてなんとかネタを続けた。だが、先ほどよりもさらに空気が悪くなっているのだから、誰も笑ってくれない。早く自分の出番が終わるように祈った。

その時、事態が動いた。しつこく俺に絡んでくる奴らが座るテーブルに、これまたイカつい顔をした4人の男たちがやってきた。俺はヤジの加勢に来たのだと思い、さらなる事態の悪化を恐れたが、何かが違った。

「さっきから何をケチつけとんねんボケ！」

どうやらその4人は主催者側の人間で、先ほどから俺にいちゃもんをつけるふたり組に腹を立てていたらしい。

客をもてなそうと主催者が呼んだ芸人を「面白くない」とヤジるのは、主催者側からしたら自分たちの顔に泥を塗られているのと一緒なのだ。

「おら！」「なんやこら！」大声で揉め始めたテーブルを見ないようにしてネタを続けたが、周りの客もそちらのテーブルに目が行って、俺のステージなど誰も見ていない。あれよあれよという間にステージの前のテーブルには、ミツバチのように男たちが集まり、さらに増えていく。

やがて、乱闘が始まった。最初は止めようとしていた者も、やはり血がうずくのか、気がついたら乱闘に参加している。そして。200名ほどの貸し切りパーティーの参加者は、ごっそりと外へ出ていってしまった。

一気に静まり返った会場で、俺はエルヴィス・プレスリーの『監獄ロック』を歌いながら、文字通り「囚人たちの乱闘」になってしまったなと思った。

こんな事態になってしまったが、こちらも仕事だ。持ち時間をやり切るしかない。次の先輩芸人に「なんかすいません」と伝えると「営業はいろんな現場があるから大丈夫だよ」

と言ってくれた。こんなことがよくあるのかと思ったのを覚えている。

先輩たちは、さすがベテランらしく鉄板ネタを引っさげて、残された円卓のテーブルにいた主催者の社長さんを笑わせにいった。しばらくすると、客席にみんなが戻ってきた。揉めごとがどう収まったかわからないが、最前列でヤジっていたふたりの姿はなかった。

自由気ままな生活の始まり

ショーパブの社員時代は、深夜に酔っ払って実家に帰るという毎日を繰り返していた。いつも昼過ぎまで寝ていて、その間に父親や妹が出勤する。かつてのように大きな確執はなくなっていたが、朝まで飲んで酔っ払ってたまに帰ってくる俺の生活に、父親もイライラしていたのだろう。

ある日、「そんだけ好き勝手やってるんだったら、ひとりで生活してみろ」と言われた。この時既に25歳。そう言われても仕方ない歳だった。ひとり暮らしを経験してみたかった俺は、職場からも近い西新宿の1Kユニットバスのマンションに引っ越すことにした。

25歳で初めて住んだマンションの家賃は7万円。マンションは東京都庁のすぐ近く。俺の部屋があった3階の窓からは都庁のタワーが見えた。目の前は高速の入口で、交通量が多く賑やかだったが、それさえも都心のど真ん中で暮らしているような気がして興奮した。玄関を入るとすぐにキッチンがあって、8畳のワンルームでユニットバストイレ付き。窓際にドンキホーテで買ってきたベッドを置いて、好きなテレビをつけながら酒を飲むのは楽しかった。朝帰りしようが彼女を連れてこようが、文句を言ってくる人はいないからだ。高くそびえ立つ都庁は、俺にいつも勇気をくれた。

その後スタッフ兼出演者を続けているうち、若手の仲間に刺激を受けて、そろそろ芸人一本で生活していきたいと思うようになっていた。ショーパブの社員を辞めるとなると、固定給がなくなり不安も残る。しかし、金に困らないことは、芸にストイックになれない理由のような気がしていたのも事実。このぬるま湯のような暮らしから抜け出したら、がむしゃらになれるんじゃないかと思った。

食えなきゃバイトをすればいいだけだ。

ショーパブを辞めると決めたと同時に、俺は迷わず引っ越しを考えた。これから先は定期的な収入はゼロになる。お気に入りだったマンションにも住み続けることはできそうもないから、もっと安いアパートを探さなければならない。

しばらくはショーパブを拠点に生活する予定だったので、新宿に近いアパートを探して不動産屋を回ったが、都内の家賃はバカ高いと改めて思い知った。3万円の物件を見つけて小躍りしたが、よく見たら駐車場だったなんてこともある。

根気強く探していたところ、中野坂上に4万3000円の風呂なしアパートを見つけた。中野坂上という場所にはなんの思い入れもなかったが、新宿に近く家賃が安いのが魅力的だった。

ワンルームだったが、ベランダが広く陽当たりも良い。風呂なし問題は、近くにあったスポーツジムに入会すれば解決できる。ジムの月会費は1万2000円だったが、ジムで風呂に入れば5万5000円。これならなんとか維持できるだろう。ショーパブの店員時代は運動らしい運動をしてなかったから、ジムで体を動かせるのも魅力的だった。

アパートは木造で築年数も古かったので、ビー玉を床に置くと、勢いよく転がっていくほど傾いていた。窓も上から下までキッチリ閉まらない。家が傾いて、窓枠が歪んでいるからだ。そこから隙間風が入ってくるので、冬場は耐えられない寒さになる。

だが、風呂なしアパートを拠点にした芸人生活にもだんだんと慣れて、新宿のショーパブや六本木のライブハウスの出番も増えた。

ショーパブを運営している会社からも、ちょくちょく営業を振ってもらえるようになった。たとえば、企業のパーティー、地方のお祭り、ショッピングセンターの営業、キャバクラやホストクラブの周年パーティー、屋形船の宴会などなど、いろんな場所で芸人は必要とされているのだと知った。

サラリーマンのストレスのはけ口

芸人としての〝育ちの良し悪し〟があるとしたら、俺はかなり悪いほうだと思う。大手事務所で育った芸人は大会でスカウトされたり、ライブで実績を残していたり、誰もが一目を置く才能を持っていることがほとんどだ。事務所の主催ライブで腕を磨き、地方営業、学園祭などの仕事も定期的にまわってくる。

一方、俺はショーパブから芸の道に入り、弱小事務所から芸人人生をスタート。大手事務所が断るような場末の飲み屋、屋形船の宴会、常連によるソープランドの貸し切りパーティー、セクシーなコンパニオンがいる宴会、謎の企業パーティーなど、営業の依頼があったらどんな現場にも足を運んだ。

地方のキャバクラ営業では、酔っ払った客がショータイム中にテキーラを持ってきて、何度も一気させられた。断ると場はシラケるし、呼んでくれたお店の人の手前、断らない。へラヘラ笑ってテキーラをあおる俺の様子は、エリート芸人からしたら、まさに汚れ芸人の立ち振る舞いだが、一気をすればチップがもらえた。だから俺は断ることはできない。

もう飲めないと言うと「飲めないなら頭からかぶれ！」と、グラス満タンの酒を頭からかけられたこともある。屈辱的だったし、腹も立ったが、酒をかけられた迷惑料として、いつもより多めにチップをもらった。思い出しただけで涙が出てくる。

だが、どれだけ屈辱的な仕打ちを受けた相手からもらったとしても、チップはチップだ。手にしたお札を見ると、すこしだけ救われた気がした。

手元のチップは酒で濡れてるものもあれば、きれいに結んであるもの、割り箸に挟んでポケットに入れられてるもの、ステージを終えた俺の手元にはいろんなチップが集まった。楽屋に帰ってから一枚一枚数えて、金額を確認して財布にしまう。濡れてるお札はドライヤーで乾かす時間がとてもみじめだった。

message
for
TAIGA

from

バイク川崎バイク

親愛なるＴＡＩＧＡの兄貴へ

お元気ですか？　僕は、けっこう、ボチボチです！　ＢＫＢ！　ヒィア！　ススス！　と、一応の挨拶ありまして。

まずは、ピン芸人の先輩として敬愛するＴＡＩＧＡさんに、ＢＫＢがこうして手紙を書かせてもらえるご縁に感謝します。

改めてＴＡＩＧＡさんのことだけを想いながら筆をとってますと、まず思い出すのは、共に進出した、伝説の『Ｒ−１ぐらんぷり２０１４決勝』ですね。

ＢＫＢは「バイクだけにブンブンレッツゴー！」。ＴＡＩＧＡさんは「いや♪　お〜ま〜え〜誰だよレッツゴー！」というネタだったため、赤い衣装＆サングラス＆レッツゴーかぶりですぐ仲良くなれましたね。

優勝はやまもとまさみさん。他には当時のじゅんいちダビッドソンさんや、おぐさん、中山女子短期大学、小森園ひろし、馬と魚など。知名度を度外視した、テレビの商業的チョイスも一切ないストイック人選。準決勝をマジで盛り上げた上位メンバーをそのまま決勝に進めたと言われてるガチンコバトル。

大会の質はとても高かったと一部で囁かれながらも、ストイック人選すぎたのか視聴率は過去最低。DVD化も僕らの年からなくなりましたね。

僕たちらしい、いい思い出です。

今でもあの決勝メンバー12人のLINEグループはたまに動いてますものね。すごいとですよ、このピンの絆は……ちなみに今そのLINEグループを見たら、最終メッセージは「2022年2月21日」の「中野坂上のマクドナルド前でお持ちしてます～」というTAIGAさんのメッセージで終わってます（ガチ）。あんまり笑かさないでください。

話を戻しまして、そのR－1の年、大阪から上京して東京に出てきたばかりの僕に、とても優しく兄貴的に接してくれましたね。

じゅんいちさんとTAIGAさんとBKBの3人でよく飲みに行かせてもらい、ライブのエンディングの前の出方とかの話題でおふたりがよく揉めてたことを昨日の事のように覚えてます。「ああ、俺、上京したんだな〜」と思わせてくれた素敵な時間でした。

とはいえ事務所が違うので、そこから頻繁に会うこともなかったですが、家が数年前から近所になり、TAIGAさんと親しい後輩LINEグループ『TAIGA王国』に僕も入れてもらいましたね……一応メッセージ見返すと「2022年11月15日」の「明後日TAIGAフェスやってて少し席余ってるから来てくれる人いたら連絡ちょうだい！」というTAIGAさんのメッセージで終わってます（ガチ）。ほんと笑かさないでください。

あと、去年とかは地上波のテレビでも数回ご一緒できましたね。あんなのめちゃくちゃうれしいです。出会いからほぼ10年、一緒に元気にお笑いやれてるのが最高です。

でもやはり、TAIGAさんとのことでもっとも印象が強いのは去年の『ルミネtheよしもと劇場inTAIGA事変』。

僕が出番でルミネ楽屋にいると、お昼時に若い女性スタッフが駆け寄ってきて「バイクさん！　どうしましょう！」とスマホを見せてきました。

覗くとそこには「TAIGAさんにチップを送りますか？」という、笑顔のウーバーアイコン。ほんとに笑かさないでください（余談ですがあの女性スタッフはほどなくして辞めました)。

最後になりましたが、ご家族を養いながら孤軍奮闘するＴＡＩＧＡさんを仲間全員がずっと応援しています！　以上、川崎史貴でした！

「いや♪　お〜ま〜え〜誰だよ！　レッツゴ！」

第4章

TAIGAの葛藤

R-1ではショーパブ芸が通用しない

ある日、後輩のダブルネームのジョーが、ピン芸人の大会が始まることを教えてくれた。漫談、コント、モノマネ……面白ければなんでもアリという、おおらかなルールが魅力だった。「TAIGAさんも出ませんか？」と誘われたら断る理由もない。それが『R-1ぐらんぷり（現『R-1グランプリ）』だった。当時のR-1は3回勝ち上がれば決勝に行けた。つまり、テレビに出られるということだ。

その明快さは魅力的で、予選会場には多くの芸人と思われる人たちが並んでいた。まずは大会の雰囲気を知るため、俺より出番が前だったダブルネームのジョーのネタを会場で見ることにする。ショーパブでは安定した笑いを取っていたコンビだから、R-1でもそこそこやってくれるだろうと、内心期待していた。

ジョーがショーパブでは鉄板だったケミストリーの格好で出てくると、まず小さな笑いがおきた。「いいぞ！」と心の中で応援したが、そのあとのネタはツルッツルにスベり、ひとつの笑いもなく終わった。惨敗だ。とてつもない空気の中で最後までやりきったジョーは立派だったが、顔は青ざめていた。

「途中でネタを終わらせてハケようかと思いましたよ」

ジョーも苦笑いで通路で話していると、会場から「キャーーー!」という歓声が聞こえてきた。黄色い声を一身に浴びていたのは、その当時ブレイクし始めていたヒロシさんだった。何を言っても会場からドッカンドッカン笑いが起きている。確かに「ヒロシです」から始まるネタの何もかもが面白かった。

ジョーがスベッたのは客席が重かったのではない。単純にネタが面白くなかったのだ。途端に不安になってきた。賞レースの予選は戦場のような緊張感があるというが、あれは本当だ。1年間の集大成ともいえる大舞台に一発勝負で挑むのだから、みんな出番前は緊張で顔面蒼白、あまりの緊張で嗚咽してる者もいる。

出番が迫るたび緊張は増していく。そして俺の出番。当時、1回戦の持ち時間はひとり3分だったから、ショーパブでやっていたことを、ぎゅっとまとめたものをかけることにした。得意の氣志團《きしだん》モノマネの格好で出ていく。ショーパブでは、この衣装で出て行くだけでヤンヤと盛り上がるのだが、ネタを見にきてるシラフのお客さんには全く響かない。焦った俺は、すぐにネタを切り替えようと、当時ブレイクしていた長井秀和さんのマネをするため、後ろを向いておもむろにカツラや衣装を脱ぎ捨てる。

すると、そこでお客さんが爆笑した。ショーパブでは早替えなんて当たり前だけど、お笑いのちゃんとしたネタを見にきたお客さんには新鮮だったんだろう。客をほったらかしでケツを向けて着替え始める芸人などいなかったみたいで、それが逆にウケた。その結果、1回戦合格。だが、次の2回戦で敗退。

悔しさはあったが、それ以上に収穫もあった。それはショーパブや営業などのぬるま湯で笑いをとってるだけじゃテレビには出られないと気づけたことだ。その日からは、芸人が出演するお笑いライブにも積極的に出るようになった。

ネタ作りは地味な作業の連続だ。ライブでウケた所を膨らませ、あまりウケないとこは削って、ネタを叩いて洗練させる作業を繰り返す。ネタに真剣に向き合うようになったからといって、すぐに結果が出るわけではない。そして、R－1の壁は厚かった。自信満々のネタで挑んだ翌年も2回戦落ちだった。

ブッチャーブラザーズさんとの出会い

俺は毎年、1年間で一番良かったネタをブラッシュアップしてR－1にぶつけていた。だが、2回戦の壁がどうしても越えられない。

ショーパブや営業は、先輩芸人たちのモノマネのモノマネをしてもウケた。だが、R－1

ぐらんぷりに出てみて、俺は自分のいる環境に甘えていたことに気づいてしまう。

その頃、俺が所属していたオフィスインディーズという事務所も、ある決断をしようとしていた。売れる芸人を育てるために事務所ライブを立ち上げたのだ。大きな目的は事務所内で競争を促すこと。月一回の事務所ライブがあれば、ネタを本気で作るだろう。「ショーパブ芸人に満足して終わっていいのか？」と問いかけられたような気持ちだった。

その当時、関東で吉本の芸人以外が出るライブでは、「ラ・ママ」「ビタミン寄席」「東京笑い者」の3つが人気だった。ネクストブレイクの候補者たちが、これらのライブでしのぎを削っていた。俺は「ビタミン寄席」のネタ見せに行った。ライブに出れるかどうかのオーディションのようなものだ。

ライブを主催するのは、老舗芸能事務所に所属するベテラン芸人。ビルの一室で若手のネタを見ては、ああしたらどうだろう、もっとこうしたほうがいいのでは、とアドバイスをくれる。俺のネタを初めて見たふたりの中年男性は、「面白いな〜！」と褒めてくれた。

「もうすこし後半に展開があったほうがいいけど、とても面白いよ」

そして合格。関東三大ライブのひとつに合格したのはうれしかったし、迎えたライブ当日も、俺のコントはかなりウケて、客からの投票でも上位に入ることができた。ショーパブという狭い世界からすこしだけ羽ばたけた気がした。

ライブが終わり外に出ると「またいろんなネタ作って持ってきなよ!」と声をかけてくれたのは、ライブのネタ見せでも褒めてくれた、ブッチャーブラザーズさんだった。

十数年後、このふたりのおかげで今の事務所に所属することになるとは、その時の俺は想像もしなかった。

とんねるずの前で芸を初披露

ショーパブ、営業、お笑いライブと同じくらい重要なイベントがテレビのオーディションだ。事務所からオーディションの連絡が入れば、いそいそとテレビ局に行ってネタを見せる。そこでウケればテレビ出演が決定。なんというわかりやすいシステムだろう。

テレビに出れば人生が変わるかもしれない。俺のような売れない若手は、ギラギラとした態度でオーディションに臨んでいた。どうやったら目の前のディレクターが笑うだろうか。それだけを考えて、数分のネタに人生をかける。まさに真剣勝負の場だった。

あまり思い出したくもないが、芸人を始めた約20年前のオーディションのスタッフは、本当に無愛想だった。

「これは何が面白いの?」

「はいはい、お疲れさん」

あるいは、こちらを見ようともせず「はい、次」なんてスタッフもたくさんいた。ちなみに、最近のオーディションのスタッフさんはみんな優しい。

「面白いですね〜」

「来ていただいてありがとうございます」

オーディションを受けるのは、はっきり言って苦痛だったが、時にとんでもないチャンスに出会うこともあった。俺にとっての一番の記憶は、とんねるずさんの『博士と助手〜細かすぎて伝わらないモノマネ選手権』だった。

その頃のモノマネは、五木ひろしさんや森進一さんなど、ベタなモノマネを誇張したり、メドレーで次々に披露するのが主流だったが、『細かすぎて〜』の人気により、マニアックかつニッチなモノマネが流行した。

有名人のなんてことない仕草をマネたり、ドラマの脇役のたわいもないセリフをマネしたり、もしくは街中にいる一般人のモノマネだったり、今となっては当たり前になっている、「そんな所を切り取るんだ」というネタ番組の走りだったと思う。

オーディションでは、当時ライブでテッパンだった織田裕二さんのモノマネを披露すると、スタッフさんが大笑いしてくれてかなりの好感触。「面白いからこれで収録しよう」と言ってくれた。テレビのモノマネ番組のオーディションにはことごとく落ちていたから、自分のネタを褒められてめちゃくちゃうれしかった。フジテレビからの帰り道、ビルの上にある球体がいつもよりグッと近くに感じた。

後日、マネージャーから収録日の連絡があった。夢ではなく本当に出られるようだ。その日は終日テンション爆上がりだった。だって、あの人気番組の人気コーナーに出られるのだから。

奈落の底で聞いた〝静寂〟

そして迎えた収録当日。大部屋の楽屋には、全国区で売れる前の博多華丸さんや次長課長河本さんなど、のちにスターになる人たちがわんさかいた。いとうあさこさんはライブなどで一緒になっていたから、控え室で「今日なんのネタやるの?」「織田裕二さんのやつです」「あ~あれ面白いよね」なんて会話をして緊張を紛らわせた。

何より心強かったのは、ショーパブでも一緒にステージに立っていた、くじらも一緒だったことだ。彼はこのコーナーでビリヤードのスターや伝説の釣り師など、マニアックなモノマネで人気者になっていた。

リハーサルを終えて、いざ本番。俺たち若手芸人は新鮮さを失わないよう、本番前にとんねるずさんの楽屋に挨拶に行くことを禁止されていた。スタジオで初めて生で見るスターはオーラが違った。ふたりが何かを言うたびにドカンドカンとスタジオが湧く。

オープニングトークでスタジオはすっかり温まり「それではさっそく参りましょう！　まず最初はこの方です！」の声で、俺の一世一代の勝負が始まった。セット裏にいる芸人たちは、ドキドキしながら自分の出番を待っている。皆、鉄板ネタを持ってきているのだが、その時の流れや雰囲気でハマったりハマらなかったりするのがお笑い。ウケる芸人もいれば、さほどウケない芸人もいた。ただそんなことを気にしてる余裕などない。ネタを間違えないように何度も何度も練習する。

そしていよいよ俺の出番。一寸先は闇か、果たして天国か――。披露するネタは、ライブではスベったことのない鉄板ネタだ。木梨憲武さんの「続いての方はこちら！」の声とともに、駆け足でステージに飛び出し叫ぶようにネタを発表した。

「ドキュメント番組『アフリカ大自然象物語』でコメント中に象に邪魔されて反撃する織田裕二！」

……ライブではウケた。オーディションでもスタッフさんがメッチャ笑ってくれた。自信を持っていいはずだ。だが、横で見ているはずのとんねるずさんが視界に入らない。Ｒｅｃが赤く光るカメラに向かってモノマネをする。オチを言った瞬間、床がバタンと開き俺は穴の中に落ちた……。

穴の底には安全のためスポンジが敷き詰められている。そこに埋まった俺に、笑い声は全く聴こえてこない。どうやらスベったようだった。スタッフさんに誘導されセット裏に移動する。まさか、ダメだったのか？　肩を落としていると、スタジオにいる関根勤さんが「この人は他にも世界陸上の織田裕二っていうネタもあるんだって。そっちも見たいよね〜」と言ってくれているのが聞こえた。

鉄板の織田裕二ネタでリベンジするも……

売れている先輩はみんな優しい。もちろん関根さんと面識は全くない。だが、スベった若手にもう一度チャンスを与えてくれようとしているのがうれしかった。セット裏にいたくじらに「どうだった？」と聞いたら、「いつもすごいウケるのに……正直ハマってなかったね……」と気の毒そうに言われた。だが、関根さんの後押しもあってか、スタッフさんに「2週目、世界陸上の織田裕二さんやりましょう」と声がかかる。

入念に何度も練習して、いざ自分の出番。次こそハマってくれ！　と祈るような気持ちで出ていく俺。ブリッジ音の後に一瞬だけ静まるスタジオに俺の声が響く。

「世界陸上、男子１００メートル決勝前に世界最速の男になるのは誰だ！　というテロップが出たあとの織田裕二！　……ハッキリ言います……わかりません！」

スポンジの中でスタジオからも袖の芸人からも爆笑が起こっているのがわかった。「やった！」天にも昇る気分で、すぐにセット裏にいたくじらの所へ向かう。彼は俺にとって心細いスタジオにおける羅針盤のような存在だった。「どうだった？」「すごいウケてた。裏で芸人たちも笑ってたよ！」

リベンジ成功だ！　あさこさんからも「面白かったよ！」と声をかけてもらった。なんとか爪痕は残せたかなと満足したが、この日の優勝はダントツで爆笑をかっさらい、何度もアンコールでネタを披露した博多華丸さんだった。

華丸さんのネタはとにかくすごかった。ステージ袖の芸人もみんな大爆笑していた。当時、全国的にはまだ無名だった博多華丸さんだが、この番組で披露したアタック25の児玉清さんのモノマネで、一気にスターダムを駆け上がる。

そして翌年の『R－1ぐらんぷり』でも優勝し、大ブレイクを果たしたのはご存じの通り。一方、俺もオンエア後の反響は凄まじかった。「オンエア見たよ！」「すごい面白かった！」「サラリーマン辞めて芸人やってたんだ⁉」放送直後から電話やメールが鳴り止まない。

何よりすごかったのは芸人仲間からの反響だった。当時『細かすぎて～』は芸人の中でも一目置かれる番組だったので、ライブでもショーパブでも声をたくさんかけられた。「あのネタ、この前ライブのエンディングでみんながマネしてましたよ！」芸人はテレビでネタを披露するのがどれだけ難しいかを知っている。それゆえ人気番組で爆笑をさらったことで、ちょっとしたスター扱いしてもらえた。それがうれしかった。

「この勢いで次回もイケるはず！　今度こそスター街道を進むに違いない」と、俺は有頂天だったし、やる気にも満ちていた。しかしそれ以降、この番組には何十回となくオーディションに行くが、二度と受かることはなかった。

売れていく仲間と、くすぶる自分

ショーパブで切磋琢磨していた若手たちは着実に売れていった。ビューティーこくぶ、ダブルネーム、ミラクルひかるといったメンバーは、フジテレビのモノマネ特番のレギュラーになっていた。年に3回の特番かもしれないが、テレビの影響力は現在の比ではない。

テレビで露出するたび、営業は増えていく。仲が良かったヤツらがテレビで活躍する姿は頼もしかったが、ライバルたちはバイトをしなくていいほど稼ぐようになっていた。

一方、俺とオードリーのふたりは相変わらずパッとしなかった。深夜番組には呼ばれても、売れるにはほど遠い状況だ。のちに聞いたのだが、若林は売れないことが苦しくて、この世界を辞めようと思っていたらしい。

若林はオールナイトニッポンでこんな話をしている。

「売れたあとに高級料理をご馳走になるより、あの食えなかった時代に奢《おご》ってくれた牛丼のほうが記憶に残っている」

「20代後半なんてまだまだこれからだ」と売れてないのにポジティブなことばかりいう俺が、すこしは彼の励みになっていたのだろうか。

あの頃は、来る日も来る日もネタ作りに励んでいた。

見た目がホストっぽいからホスト風コント。見た目が昭和のバブルっぽいからバブルテレフォンショッピング。歌舞伎町のキャッチの兄ちゃん風コント……などなど自分に合ったキャラ設定のネタを考えていたが、ある時気がついてしまった。

「これって俺じゃなくてもいいんじゃないか」

自分でなければ面白くできないネタはないだろうか。そんな時に、ハッと思いついた。そう、躰道だ。俺しかできないし、俺じゃないと面白くならない。何より、他にやってる人がいない。躰道の型をやりながら、しょうもない日常のあるあるを言ったらどうだろう。

さっそく、ライブなどでこのネタをかけると、芸人仲間が「面白いね！」と声をかけてくれた。多くの芸人を育ててきたブッチャーブラザーズのぶっちゃあさんが「オモロいなぁ！」と言ってくれたのがうれしかった。

躰道の新ネタは評判が良かった。ショートネタブームを作り出した伝説の番組『爆笑レッドカーペット』のオーディションにも受かり、本番でも爆笑をとり、ＭＶＰともいえる「カムバックレッドカーペット」にも呼んでもらえた。

やっと、ゴールデンタイムのネタ番組に出られた。そして思ったように笑いも取れた。オンエア後は、知人から電話やメールが殺到し、芸人からも「これで売れちゃうんじゃない？」なんて声もかけられた。調子に乗った俺は、この年２００８年に初の単独ライブを開催する。２００人のキャパで最初は8枚しか売れなかったが、最後は友人たちの協力もあり満席となる。

ライブは地元の友人や先輩がたくさん来てくれた。やんちゃをしていた仲間も多かったので、ライブの会場前にベンツやセンチュリーなどの高級車が停まっていた様子は、今でも芸人の間で伝説になっているらしい。

俺の活動にまったく理解を示さなかった父親も単独ライブに招待した。

「この前、ゴールデンのネタ番組出たんだよ」

「見たぞ」

芸人をやっていることを応援してるんだか、反対してるんだかわからない反応だったが、ぶっきらぼうな父親らしいとも思った。

そこから何度かレッドカーペットに出演でき、ブレイク間近かと思われた矢先、なんと所属していた事務所が経営破綻で潰れてしまった。社長と社名を変えて新事務所を立ち上げることになったが、小さい事務所への不安もあった。

そんな時、オスカープロモーションがお笑い部門を立ち上げると知った。オスカーといえば、上戸彩さん、菊川怜さんなどが所属する超大手。俺のことを売ってくれるに違いないとすぐに移籍を決意した。

織田裕二モノマネで〝人違い〟？

数年前に『細かすぎて伝わらないモノマネ』で結果を残してからは、ライブやショーパブでは安定して笑いをとれるようになっていた。芸人はテッパンネタがあるとやはり強い。

ひとりの営業も30分くらいなら余裕で盛り上げられるようになっていたし、ちょっとした深夜番組のオーディションにも受かるようになっていた。

フジテレビの『笑っていいとも!』のミニコーナーに受かったと、連絡が来たのもその頃だ。昔から見ていた『笑っていいとも!』に出られる。今後の履歴書に間違いなく書き込まれる1日になるはずだった。当時、流行っていた『踊る大捜査線』の青島刑事のモノマネでの出演だった。


時を同じくして山本高広さんという芸人が織田裕二さんのモノマネでブレイクしかけていたので、そのネタは一般的に広く知られていた。織田さんのモノマネは山本さんが有名にしたと言ってもいいだろう。そんな織田裕二さんのモノマネを、俺は国民的番組で披露することになる。

アルタのスタジオ裏で待機する芸人たち。オープニングからアルタは大いに盛り上がっていた。俺のモノマネが電波に乗ったらまた大きな反響があるだろう。若手芸人がネタをやるミニコーナーの時間が待ち遠しいような怖いような。

司会のSMAP中居さんが説明をしてコーナーが始まる。芸人がネタを披露するたびアルタが沸く。さぁ俺の出番だ。

「続いては、踊る大捜査線の織田裕二さんです！」

スタジオが「ワー！」と沸いたのがわかった。今ならわかる。そう、アルタのお客さんも出演者も、織田裕二さんの「キターーー！」で話題の山本高広さんを期待しているのだ。だが、踊る大捜査線の青島刑事の格好で袖から飛び出してきたのは、見たことも聞いたこともないTAIGAという芸人だ。スタジオ中がポカーンとしている。

「え？　え？」

「誰この人？」

「あのキターーー！の人じゃないの？」

客の心の声が聞こえるようだ。

だが、ネタをやり切るしかない。出鼻をくじかれた俺は、そのままネタを始めるが、さっきまでの盛り上がりが嘘のようにアルタが静まり返っている。ヤバイ。冷や汗が背中を流れ落ちたのがわかった。ネタが終わると、すかさずタモリさんが「最近出てるあの子じゃないんだね～」なんてフォローを入れてくれたが、出演者一同が苦笑い。

初めての『笑っていいとも！』はホロ苦い経験となった。ちなみに、その数年後にも再び呼んでもらったのだが、その時も思い切りスベり、新宿アルタでの成績は2打数0安打。打席に立てただけで喜ぶには芸歴を重ねすぎていた。俺はもう32歳になっていた。

『爆笑オンエアバトル』で大失速

このあたりから、自分のモノマネの才能に限界を感じ始める俺。来る日も来る日もテレビを見ていろんな人の特徴を捉えることを繰り返し、ひとりでカラオケに行って練習をするのだが、どうやってもショーパブに出てるモノマネ芸人さんには勝てない。地元では、うまいうまいとおだてられても、プロで活躍する芸人の中では最低ランク。俺がこのフィールドで勝負を続けるのは、明らかに分が悪い。

そこで意欲的に取り組んだのがひとりコントだった。ひとりコントは、それまでもショーパブで披露していた。ウケる日もあればスベる日もあった。この頃の俺はバキバキに尖っていたので、スベった日は「笑いのセンスがない客だな」と思っていたし、客がついてこないくらい新しいことやってる自分がカッコイイとさえ思っていた。

若手芸人の登竜門的な番組、ＮＨＫの『爆笑オンエアバトル』のオーディションに受かったときも、当然だと思っていた。この番組は10組の芸人が、お客さんの前でネタを披露し、お客さんの投票で面白かった上位5組がオンエアされ、下位5組はオフエア。敗者コメントのみ流される。

ネタを見たお客さんは、手元にあるボールで投票する。最後にバケツに入ったボールの数で反響を計量する。テレビの前の視聴者と同じ感覚を持ったお客さんが、芸人の面白さを数値で評価するという画期的な番組であったが、芸人にとっては残酷な番組でもあった。

お笑いファンからは絶大な人気を誇った番組のオーディションに受かったことで、ひとりコントにも自信を深めていた。やはり特別な才能を持っているに違いない。自信作のコントをNHKホールで披露する機会に恵まれたことに感謝した。だが、待ちに待った俺の本番では、客席からの笑い声はあまり聞こえてこない。

特に後半は大きく失速。俺の前で転がる球は明らかに他の芸人より少ない。いざ計量となって、結果は245キロバトル。客からの「新しいタイプのお笑いだった！」「ネタが単調で少し飽きちゃったかも」という評価と、俺の敗者コメントのみが放送された。

オードリーの決勝進出

時を同じくして、オードリーにブレイクの兆しが見えていた。

今思えば、俺と若林は面白いと思う視点が似ていた。あの人のネタのあそこが面白い、あれはウケてるけど面白くない、といった価値観がかなり一致していたから、若林にネタの相談をすることも多かった。ライブのあとは、「あそこをもっとこうしたらいいんじゃないですか？」とアドバイスをもらうこともあった。若林は「笑いのイロハ」を知っていたから頼れる存在だった。

その一方で、若林は大学卒業後、ずっと芸人しかしていない世間知らずでもあった。サラリーマンから水商売まで、いろんな経験した俺が、世間の常識・非常識を教えた。そんなふうに互いに足りないものを補っていたのだろう。

ショーパブで苦楽を共にしたかわいい後輩でもあるオードリーは、２００８年のＭ－１グランプリを敗者復活から勝ち上がり、決勝でも見事大爆発。春日の強烈な個性に、お茶の間は釘付けになった。優勝こそ逃したものの、そこからコンビは大ブレイクを果たす。

オードリーのＭ－１決勝当日、俺はいつも通りショーパブに出演した。後輩は人生初の晴れ舞台、一方の俺はいつもの酔っ払い相手のステージ。だが、彼らの活躍を誰よりも祈っていた。

ようやく帰宅してテレビをつける。画面の中のオードリーのふたりは輝いていた。俺がずっとそばで見てきたネタで、観客が爆笑することが素直にうれしかった。悔しさなんてまったくない。だって俺ももうすぐそっちに行くのだから。オードリーの準優勝に興奮冷めやらぬ俺は、狭いリビングで祝杯をあげた。

ショーパブをクビになる

2011年。芸人としての原点といえる新宿のショーパブ「キサラ」は変化を迎えていた。ずっとお世話になっていた店長は、リーマンショックで軒並み飲食店の売り上げが下がる中、その責任を取る形で退職していた。

新しい店長のもと、店の営業は再開したが、今度は俺がクビになってしまった。経緯を細かく書くと長くなるので割愛するが、まぁ戦力外通告のようなものだ。

当時は「こんなやり方は間違っている」と憤りを感じ、周囲に不満を漏らしていたが、今となってはよい卒業の時期だったのだと思う。間違いなく芸人としての原点であり、俺を育ててくれた大切なお店だ。今でも感謝している。

勤め先をクビになり、日銭を稼ぐ場がなくなり途方に暮れていた頃、茨城県土浦市にある「歌芸夢者《かげむしゃ》」というショーパブから声をかけてもらった。

クビになったことを伝えると、「新宿に出れなくなった分うちの店においでよ。俺が食わせてやるから」と社長は言ってくれた。捨てる神あれば拾う神あり、とはこのことだ。今でもこの社長の言葉に恩を感じている。

一方のショーパブは、オードリーの活躍により連日テレビで紹介され、俺がいた頃には想像もつかない人気店となっていた。連日のようにテレビに映るかつての仕事場を、まるで知らない場所のように感じている自分がいた。もう、あの場所には戻ることはないだろう。月に5回ほど土浦に通う日々が始まった。片道1時間の土浦行きの電車に揺られながら、俺はこの先どうやって食っていくのだろうと思った。

屈辱的な仕打ちの代わりにギャラをもらえる飲み会も、この頃には本当にしんどくなっていた。いわゆる「タニマチ」と言われるお金持ちが集まる飲み会の帰りにもらうタクシー代も、俺をかわいがってくれた木戸さんのくれるタクシー代とは意味合いがまったく違う。芸人をやっていると、芸人同士のつながりや飲み屋で知り合った社長の紹介で、お金持ちの社長の飲み会に誘われ、飲み会帰りにはタクシー代と称して2～3万を渡される。一時期話題になったキャバ嬢のギャラ飲みのようなものだ。

飲み会の現場に着くと、何をやっているかわからないけど羽振りの良さそうな社長が真ん中にいて、両脇にきれいな女性が座っている。俺たちはその前でネタをやるのだ。

社長やその取り巻きの人たちに「つまんねーな」「いつ笑わせてくれんだよ」「お前は一生売れねーな」と言われ、「面白かったらとっくに売れてますから～」と愛想笑いをできるくらい、俺はこの立場に慣れてしまっていた。

コンビニなどのアルバイトで日給1万を稼ぐというのはなかなかしんどいが、その飲み会に行けば、タダ酒が飲めて数時間盛り上げるだけで2〜3万のタクシー代がもらえる。

若い時は飲み会に誘われるたびラッキーだと思っていた。芸人とはなんて恵まれた仕事なんだと思った。だが歳を取れば取るほど、酒の疲労が取れなくなっていく。なんてみじめな金の貰い方なんだろう、とさえ思うようになっていた。深夜に家に帰って、台所の蛇口から直接水を飲む。小さくため息が出る。テーブルに置かれたお車代と書かれた封筒がやけに汚らしく見える。中にいくら入ってるか知らないが、無駄に使い切ってやろう。

それからしばらくして、別の社長から声がかかった。重い足取りで飲み屋に向かうと、やはりその日も散々社長たちにいじられ続ける。飲み会の最中にトイレで用を足した俺は、鏡に映る自分の顔を見た。俺は鏡の中の自分に問いかけた。

「一生懸命作ったネタや人格まで否定されて、金を貰ってうれしいか?」

飲み会が終わり、いつものように社長が「ホラッ」と言ってお金を渡そうとしてきたが、

「こんな面白くない芸人にお金を渡すのもったいないです。まだ終電があるんで電車で帰ります。ごちそうさまでした!」と笑顔で言った。なんだか清々した気分だった。

その日を境に、ギャラ飲みをスッパリやめた。

R-1ぐらんぷり2014決勝への道

2011年のR-1ぐらんぷりで準決勝まで進むも、翌年からはまた2回戦落ちが続いた。金がなくなると地元の先輩に電話して、日雇いのバイトを紹介してもらって、なんとか食いつないでいた。

37歳の時だったと思う。地元の同じ小中学校の同窓会があると連絡があった。久しぶりに同級生たちと会いたかったが、会費の7500円が払えなかった。みんなには「仕事があって行けない」と嘘をついて、二次会の安い居酒屋から合流した。かつての同級生たちはみんな、立派な社会人になって再会を喜んでいたが、心の底からは楽しめていない俺がいた。37歳にもなって7500円が払えない自分がみじめだったからだ。

学生時代に仲が良かった友人の結婚式を、「仕事だ」と嘘をついて断ったこともあった。ご祝儀を包みたい気持ちは山々だったが、どうしても金がなかった。

そんな日はショーパブに行くのも憂鬱だった。出演時間より早く行って、近くにある川の土手で夕日に染まる川をじっと眺めた。

金に困ると人は弱気になるというが、それに追い打ちをかけるような事態が起こる。

当時所属していた事務所が、ある芸人コンビに突然、力を入れ始めたのだ。悔しいから名前は書かないが、M－1グランプリは毎年一回戦敗退。ネタ番組にもほとんど受からず、周りの芸人から評価されていなかった。だが、会社側が「あいつらを売るぞ！」と一致団結したらしい。

事務所に目をかけられるようになったそのコンビは、お偉いさんたちが他の芸人に目移りして仕事が流れないように、さらに媚びへつらった。「ステージで評価されてなんぼ」という、芸人としてのプライドのかけらも感じられないその振る舞いを目の当たりにし、俺をはじめとする所属芸人はみんな荒れた。

一方、そのコンビは、あっという間にイベントの司会や深夜番組のMCに抜擢されていった。俺は愕然《がくぜん》とした。

「事務所の中で一番結果を出してる俺が適任だろ！」

その怒りも次第に虚しく思えてきた。事務所を挙げて猛プッシュされる彼らとは対照的に、俺たちの扱いはそれ以降も変わることはなかった。

とはいえ、そこで腐ってばかりいても始まらない。俺は2013年の4月から、毎月新ネタ3本作るライブを主催することにした。面白いネタが思い浮かばない月もあった。自分の実力のキャパをオーバーしてるんじゃないかと落ち込んだ。だが、毎月のライブが終わると、心が晴れやかだった。終わったあとはゲストやぺこぱと一緒に朝まで痛飲した。

何カ月か経った頃、ベタなショートコントを、ツイストを踊りながらやったら面白いんじゃないかと思いついた。すぐに近所に住んでいた松井（現在はぺこぱ・松陰寺）を呼び出す。

「お前ギターできるだろ？　この音出せるか？」

そうして、松井と一緒に音楽アプリを使って曲を打ち込んだ。

「オチは全て『お前、誰だよ！』。それをこのロックンロールに乗せてやるんだ！」

「いいっすねー！」

ふたりで大爆笑をしながらネタを練り上げた。これは売れるネタができた、と初めて思った。長く暗いトンネルの出口が見えたかもしれない。

それから1年。練りに練った「お前、誰だよ！　ロックンロール」は、元旦の『新春レッドカーペット』で満点大笑いを取る。そしてR－1ぐらんぷり2014の予選が始まった。

「お前、誰だよ！　ロックンロール」は、本当に自信作だった。R－1には、もちろんこのネタで挑むつもりだったし、このネタと心中するつもりだった。だが、予選のウケはそこまでよくない。「これは当落線上ギリギリかな……」という反応で、そのたびに冷や汗をかいた。

審査員をやっていた作家さんからは「他にもいいネタあるんだからネタ変えたら?」と言われる始末だ。3回戦の会場は、新宿のルミネtheよしもと。後半ブロックのトップバッターだったが「ほら見たことか!」と言いたくなるほど爆発的にウケた。袖で見ていた松井も「絶対受かってますよ!」と興奮気味だった。

迎えた準決勝。出番表を見て俺は小さくガッツポーズをする。出番はCブロックのトリだった。ブロックのトリでウケれば、経験上、決勝に行けることを知っていたからだ。ようやく訪れた勝負の時。

「落とせるもんなら落としてみろ」

そうつぶやいて、俺はステージに向かった。

結果発表は翌日だったが、受かった人にだけR-1の密着カメラが来るらしい。当時よく飲みに連れていってくれたマネージャーと飲みに行くことになった。22時を過ぎた。残り2時間で今日が終わる。さらにグラスを重ねると酔いも回り、気がつけば時刻は23時になろうとしていた。

あれだけ頑張ったけど決勝には行けなかったのか。これだけやってダメだったのだから、もう辞め時なのかもしれない。マネージャーが「結果はしょうがないよ。また頑張ろう」と励ましてくれたと同時に、誰かが俺の左肩をポンポンと叩く。カメラを回しているスタッフの姿が目に飛び込む。

「決勝進出が決まりましたよ、おめでとうございます！」

これまでのことが走馬灯のように蘇り、俺は人目をはばからず号泣してしまった。すぐに若林に電話して決勝進出を伝える。その日のことは、それからあまり覚えてない。だが、これで人生が変わる、そんな気がした素晴らしい夜だった。

結局、何ひとつ変わらなかった

決勝当日までの1週間はまるで夢のようだった。ライブに行くと芸人仲間からは「決勝おめでとう！」とヒーロー扱いされる。準決勝までは「これでダメなら本望！」という気持ちで強気に攻めていた俺だったが、いざ決勝直前になると、弱気になっていたのも事実だ。

「トップの出番だったら嫌だなぁ。あの人と同じブロックは嫌だなぁ」

決勝当日のリハは早い時間からだったので、本番の19時までかなり時間が空いた。俺が入ったAブロックは、レイザーラモンRGさん、ヒューマン中村、スギちゃん、そして俺というメンバーだ。

リハが終わるとRGさんが「本番まで時間あるから、お台場の大江戸温泉に行かないか」と誘ってくれた。スギちゃんは別の仕事があったから、俺とヒューマンと3人で大江戸温泉に向かった。温泉に入りながら俺は、「今日で人生が変わる」としみじみ感じていた。


人生を変えるはずの決勝戦は重苦しい立ち上がりだった。雨上がり決死隊のおふたりの司会で幕を開けるが、芸人はもとよりお客さんも緊張していて厳しい雰囲気だった。俺はセット裏で「俺以外の芸人はウケないでくれ」と願っていた。

俺の祈り（呪い）が通じたのか、トップのRGさんが爆発的にウケてる感じはしなかった。次のヒューマン中村も、さほどウケなかった。俺の祈り（呪い）はなかなか効くらしい。だが、迎えた三番手の俺が出ていっても、準決勝ほどの爆発的なウケはなかった。俺はステージからはけると呆然《ぼうぜん》としていた。自分まで呪ってどうする。最後に出たスギちゃんは、既にお茶の間の人気者だったので、お客さんの緊張もほぐれたのがわかった。

審査員の桂文枝師匠が俺に2票入れてくれたが、喜べたのは一瞬だった。その他の審査員からは1票も入らず、Aブロック敗退が決まった。やっとたどり着いた夢の舞台で早々に敗退。そのあとの記憶はほとんどない。

Ｒ－１ぐらんぷり決勝戦のあとのことを話そうと思う。ブロック敗退でも、仕事は増えると思っていた。お笑い後発事務所ではあるが、初のファイナリストとして、いよいよ俺を売ろうと力を入れてくれるに違いない。そんな期待に胸を膨らませていた。

決勝後に事務所に顔を出した時は、英雄が凱旋《がいせん》するくらいの気分だった。だが、事務所の面々の反応は、俺の思っていたものとはまったく違った。のっけから「あれじゃあダメだな～」とダメ出しされたのだ。俺は目の前が文字通り真っ暗になった気分だった。

実際、俺の仕事はまったく増えず、事務所が推していたコンビは深夜番組のレギュラーが決まった。相撲芸人あかつのように、事務所を辞めてしまう芸人もちらほら現れた。

もしかすると、神様はこれ以上の結果を出せということか。俺は決勝に行けたことに満足して、実は３度目のチャンスも逃してしまったのではないか。

そんな悶々とした思いで過ごしていた矢先、家が近所ということもあり、昔からお世話になっていた先輩、飛石連休の藤井さんから結婚式の招待を受けた。結婚相手は、これまた昔から仲の良かった、モノマネ芸人ＳＨＩＮＯＢＵちゃんだった。

芸人がたくさん集まった結婚式は楽しかった。二次会には、昔からお世話になり目をかけてくれていたブッチャーブラザーズさんもいるのが見えた。「ご無沙汰しています」と挨拶すると、ぶっちゃあさんは俺の手をしっかりと握って、こう声をかけてくれた。

「決勝おめでとう！　俺らがやってた『ビタミン寄席』に出ていたメンバーが活躍してるのはうれしかったわ。仕事が増えるといいな！」

俺は不意に目頭が熱くなった。そして気がついた、ああ、俺は誰かに褒められたかったんだ。決勝で結果を残せなかったことではなく、決勝まで行ったことを誰かに認めてほしかった。そしてそれを糧に、もっともっと頑張りたかったんだ。

最愛の弟子・ぺこぱとの別れ

しばらくして、ぶっちゃあさんと飲みに行く機会があった。俺は現在の事務所の様子、自分が置かれている現状を包み隠さず伝えた。俺はあの日に気がついてたんだと思う。お笑いとしっかりと向き合ってくれる事務所で、お笑いがしたいと。

すると、ぶっちゃあさんは真面目な顔でこう言った。

「うちにおいで。ＴＡＩＧＡは昔からオモロいねんから、ちゃんとした環境で芸人やったほうがええよ！」

仕事が増えなかったのは、きっと自分の実力なんだろう。だけど、決勝まで行ったことをこんなに喜んでくれる人たちがいる場所で、芸人を続けたい。俺の腹は決まった。

２０１４年７月、事務所を辞めることを伝える。俺を拾ってくれた事務所の方々に「お世話になりました」と頭を下げた。その時には感謝の気持ちしかなかったが、芸能界から干されたり、あるいは何年間は活動しちゃダメだと、釘を刺されるのだと思っていた。

「まぁ他に行ってダメなら、また戻ってきてもいいから」

と言われた時は、思わずホロッとしてしまった。最後の事務所ライブのあとには、芸人たちが送別会を開いてくれた。

ぺこぱのふたりには「お前らも一緒にサンミュージック行こうぜ！」という言葉が喉元まででかかった。しかし、俺も入れてもらう側なので、そんな偉そうなことは言えない。朝まで続いた送別会が終わり、駅への帰り道で松井は号泣していた。俺は松井に「またいつか会おう」と声をかけ、ひとり駅に向かった。

恩返しをする前に亡くなる人たち

サンミュージックに移籍して数年後、あるニュースが飛び込んでくる。

【前田健さん死去】

しばらくご無沙汰していたが、変わらず元気に活動していたはずの前田健さん。お世話になった先輩の訃報をテレビの速報で見た時は、驚きのあまり言葉が出なかった。そして無性に悲しくなった。この世はなんて理不尽なんだろう。たしかに人間はいつ死ぬかわからない。「明日、交通事故で死ぬかもしれない」と冗談で言うことがあっても、ほとんどの人は本当に死ぬとは思っていない。だが、人はいつか死ぬ。突然、俺たちの前からいなくなる。

悲しいニュースは続く。名古屋のショーパブに泊まりで出演していた時、お世話になっていた木戸さんの側近、大和さんから電話がかかってきた。なんだかイヤな予感がした。

「木戸さんが心筋梗塞で集中治療室入った。もうダメかもしれない」

木戸さんには長年お世話になった。金に困ったら木戸さんに電話すれば、メシをご馳走してくれたし、帰りにタクシー代と称して数万円のお車代をくれた。飲食店を20店舗以上経営していたが、晩年はお店の経営がうまくいっていなかったとも聞いた。

「木戸さんが好きで飲みに来てるだけですから」と言っても、「そんな生意気は売れてから言え！」と車代を渡されない日はなかった。商売がうまくいってなくても、木戸さんはそんなことは気にしてないように振る舞ってくれた。

「金を持ってる時のほうが、いろんなヤツが寄ってきて付き合いが大変だけど、金がなくなると誰もいなくなるからな。今は好きなヤツと飲むだけでいいから気楽なもんだ」

そう笑った。おそらく半分は見栄で、半分は本音だろう。木戸さんに一度だけご馳走をしたことがある。初めてゴールデンの人気番組『レッドカーペット』に出た時に、居酒屋の会計を俺が支払ったら、とても喜んでくれた。

「いろんな奴にメシを食わしてきたけど、奢られたのは初めてだ」

そう言って、子供みたいに喜んでくれた。最初の電話から数日後、また大和さんから連絡が入る。

「今、木戸さんが亡くなった」

大和さんからの電話を切ってからも、しばらく涙が止まらず何もできなかった。俺は自宅でテレビをぼーっと見つめた。なんの恩返しもできないまま、また大切な人が亡くなってしまった。俺はこうやってどんどん歳をとり、恩人や仲間を失い、売れないまま死んでいくのだろうか。

葬式で初めて木戸さんの奥様に挨拶をした。すると、奥様は俺の顔をじっと見た。

「いつも主人からお名前は聞いていました。あいつがテレビに出るから録画しておけって、いつもうれしそうでしたよ」

奥様はすこしだけ笑顔を浮かべたようにも見えた。それを聞いて涙が止まらなくなった。恩返ししたい時に、恩人はなし。この暗く長いトンネルの出口は、どこにあるのだろう。

（お笑い以外）師弟鼎談

俺らの時代

TAIGA×オードリー

春日俊彰

若林正恭

ショーパブから始まった伝説

〝お笑い以外〟の師弟関係にあるTAIGAとオードリーのふたりによる特別鼎談《ていだん》。かつて何者でもなかった若者たちはどう出会い、どう親交を温めてきたのか。さらにはTAIGAがこの先売れるためのヒントも探っていく——。

TAIGA（以下T） 初めて春日に出会ったのは2001年の4月。場所は新宿のショーパブのキサラだね。

春日（以下春） あぁ、もうそんな前ですか。

T 春日が先にバイトとして働いてて、「芸人やってる子がいる」とは聞いてた。春日とはバイト終わりにしょっちゅう飲みにいくようになってね。

春 そうっすね。あと、TAIGAさんが住んでた新宿ワシントンホテルの裏にあった家にもよくね。

T そうそうそう、都庁が見えるアパートね。

春 猫の小便臭くってね（笑）。あたしは家に風呂がなかったものですから、キサラ終わりでシャワーを借りによく行ってて。

T はいはいはい。

春 野球ゲームを一緒にやってましたね。『劇空間プロ野球』。

T あー！ やってたやってた！

春 でも、ゲーム中によく若林さんから電話があって「ちょっと、すいません」とか言って外に出て1時間くらいしゃべって、帰ってきたらTAIGAさんが寝ちゃって

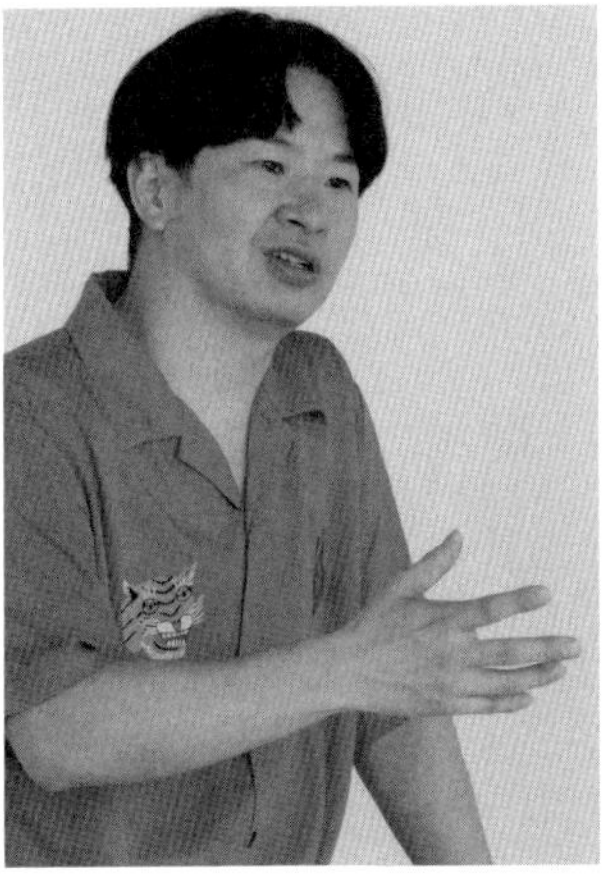

たこともありましたね。

若林（以下若） ハハハハハ（笑）。

T 飲みに行っても電話かかってきてね。当時の俺は芸人がどんなものかもわかってないから、何をそんなに話すことがあるんだ？と思ったよ。ナイスミドルがキサラで前説をやるようになって、春日から紹介されたのが若林だった。

若 そうっすね。

T 出会ってすぐに仲良くなったよね。一緒にネタ作ったり、マエケン（故・前田健）さんと4人でメシ行ったり。

春 そうだ、マエケンさんがまずTAIGAさんをかわいがっていてね。

若 あぁー！

春 で、我々もよくしてもらっていたので、マエケンさんつながりかもしれないですよねぇ。3人の距離が一気に近くなったのは。

T マエケンさんぜんぜん飲まないけど、飲みに行ったよね。

春 そうそう。で、相談受けるんですよ。マエケンさんの恋愛相談。

若 あぁー、あったあった！

T 俺は「TAIGAは私、タイプじゃないから大丈夫」って言われてさ。

一同 ハハハハハ！

T 若林は俺の印象ってどうだったの？

若 当時は事務所のお笑い班の創成期で、学生ノリそのままの人も多くて、ちょっと仲良くなれなかったんですよね。でもTAIGAさんは世の中のこともいろいろ知っててしゃべりやすかったんですよね。

春 いろいろ遊んでもらったりね。

TAIGAさんの知り合いがやってる海の家に昼過ぎに行って、「知り合いの女の子を呼ぶわ」って言うから待ってたけど、日が暮れちゃって。

T　ハッハッハッハッ！

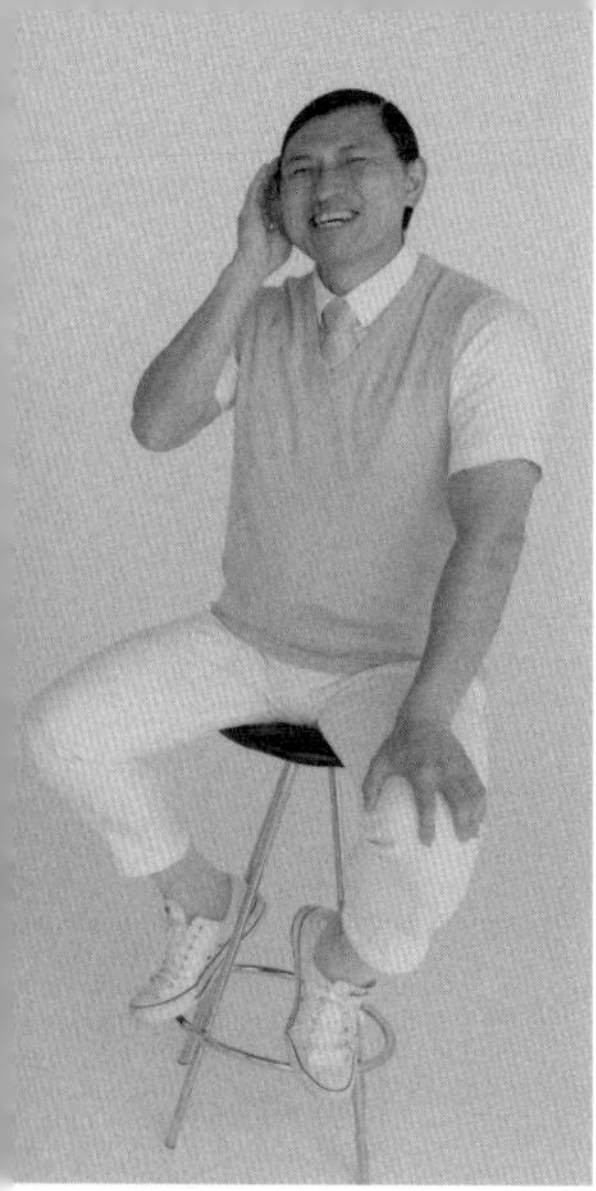

プレスリーの格好でステージに出ると盛り上がってましたね。（春日）

春　結局誰も来なかったから小田急線で帰って（笑）。

しっかりと笑いを取るモノマネ芸人たち

若　当時は今より若いうちに売れなきゃいけないというプレッシャーが強くて、25歳になった時にすごく焦ってて。そしたらTAIGAさんが「25歳なんて世の中から見たらまだガキだし、これからだよ」って言ってくれて、一緒にいると元気が出たのは覚えてます。あと、ショーパブのほうが居心地よかったんですよね〜。

T　タバコもOKだし、野次も多かったし、雰囲気がね、今とはまったく違う、場末感満載でね。スタッフだった俺も、しばらくして舞台に立つようになってさ。

若　「TAIGAさんが今日からステージに立つ」みたいな日の記憶がうっすらあります。

春　あの場で笑いを取るのはやっぱりモノマネの人でね。

若　ショーパブではお笑いライブで通用したことが全く通用しなかった。俺たちは必ずスベるから裏で「オードリーの次に出るのが嫌だ」と何度も言われてたみたいで

そうだね。
ウケてるというか、
盛り上がってた（笑）。（若林）

そこはウケてる
でいいだろ（怒）！
（TAIGA）

ね。その一方で、モノマネの人たちはしっかりと笑いを取るじゃないですか。フリとオチがすごいわかりやすい、という笑いの基本をステージ袖から見て勉強してました。

春　TAIGAさんがプレスリーの格好でステージに出ると盛り上がってましたね。トップバッターとして出ることも。

T　あったあった。

若　そうっすね。ウケてるというか、盛り上がってた。

T　そこはウケてるでいいだろ（怒）！

若　でも、大喜利を知らなかった人ですからね。例題を出したら「クイズってこと？」って聞いてきたり（笑）。大喜利を知らなくてネタ始める人がいるんだって。当時は新鮮でしたよ。

春　「プールの端から端まで潜水できないと売れない」というあの思いつきも、TAIGAさんが言うと本当にそう思えるんですよね。

若　昔からすごくフレンドリーに

接してくれたよね。芸人てどうしても欠点とか弱点をいじったりするけど、そういう意地悪なとこが全くない。

春 バイトでミスをして蹴られたこともあったけど、理不尽なことは絶対に言わない、まっすぐな人。そして明るい。

T 楽観的なだけだよ。人生楽しんだもん勝ちだと思ってるから。

若 カッコよかったよね。

芸能界を束ねていた可能性も

若 ＴＡＩＧＡさんは基本的にポジティブだけど、お笑いの芯くったことは何も言わなかった（笑）。とにかく「まだ若い」「俺たちはヤングなんだ」それだけ。

春 まぁ行動力はありましたけどね。ライブに出られない若手芸人を集めて、ショーパブの開店前にライブをやったり、実力派のピン芸人を集めてライブを企画したり。

若 当時はＴＡＩＧＡさんだけ賞レースの決勝に行ってないくらいの豪華なメンバーだったね。

春 ネタがスベってるって印象もないですよ。

若 ＴＡＩＧＡさんのネタは最初っからしっかりしてたんですよ。そう考えると、もうちょっと売れてくんねえかなって思いますね（笑）。テレビの仕事で一緒になることも増えてきて、人柄が知れてきてるし。

T 本当にオードリーのおかげ。

春 売れ方が明らかに遅いと思います（笑）。ロケ企画とかでバーンとハマッたら、あっという間に売れていく気がしますけど。

若 気持ちがフレッシュだから見てて面白いよね。年下に雑に扱われても面白いだろうし。

春 いいおじさんがＶＴＲ見て泣いたり、髪の毛真っ白になってもウーバーやってたり、この先どんどん面白くなるだけでしょう。

T うれしいなぁ。

春　ちょっと前にTAIGAさんから誘いがあって、何かと思ったら「家族同士で公園に行こう」って。

T　いつか仲がいい芸人の家族をたくさん呼んでバーベキューをやりたいんだよね。

春　でもTAIGAさんが声をかけたらたくさん人が集まるでしょう。エピソードもめちゃくちゃありますし。

若　キサラでも、いろいろ楽しい企画を考えてくれてましたよね。

T　嫌われてた支配人と最初に口きいた奴が負けっていうゲームとかあったね。春日が何度も話しかけられてるのにずっと無視してて。あの時は笑ったな〜。

若　とにかく人を動かす力があった。MCとかになったら、芸能界を束ねていたかもしれない。宮根誠司さんみたいに。

春　若手ライブの頃も「お前はこういうのが得意だから」「一発ギャグをやってみよう」と中心になって仕切ってくれて、それがことごとくハマってました。

若　本当に何でMCになれなかったんでしょう?

T　なれるかもしれないだろう!

若　いやいや、冗談言わないでください。

T　ここからうまくいくんだよ(笑)!!　ふたりとも今日はありがとう!

オードリー

若林正恭（わかばやし まさやす）1978年9月20日生まれ。東京都出身。**春日俊彰**（かすが としあき）1979年2月9日生まれ。埼玉県出身。2008年の『M-1グランプリ』で敗者復活戦から決勝進出を果たし、一躍ブレイク。現在は『ヒルナンデス!』『あちこちオードリー』『100カメ』など多くのバラエティー番組に出演中。

第**5**章

TAIGAの芸人仲間たち

毎日のように遊んだ若林

ナイスミドルがショーパブの前説に出るようになってからは彼らと距離が近くなり、いつも一緒にいるようになったが、当時の若林はかなり尖っていた。大衆ウケよりも自分たちのやりたいことをやる、という気持ちのほうが強かったんだと思う。他人に心を閉ざしていたようで、若林の事務所の後輩から「TAIGAさんて、あの若林さんが唯一心を開いてる人ですよね?」なんて言われたこともあった。

若林は、芸人に珍しいタイプの俺が新鮮だったようで、よく連絡をくれた。昼間に電話が鳴ると、だいたい若林だった。暇だったのだろう。俺と遊ぶことになんの面白みを感じたのかよくわからないが「家に行っていいですか?」と、よく連絡がきた。

家に来ると、部屋に置いてあるものひとつひとつにツッコミが入る。ベッドの枕元に置いてある木刀を見つけて「これなんですか?」と聞いてきたから、「どんな奴が寝込みを襲ってくるかわからないから枕元に置いてあるんだ」と答えると、若林はケラケラと笑う。短大の学園祭で、横浜銀蝿の歌にのせてツイストを踊ってハシャぐ俺のビデオを見せた時も、めちゃくちゃ笑っていた。

今となればわかるような気がする。芸人の多くは、学生時代にクラスの人気者が大して面白くもない芸を披露してハシャいでいるのを、「うわ、こいつら寒っ」て思ってきたような奴らだ。だから、そんな寒い奴（俺）が貧乏暮らしをしてまで真面目に芸人を目指していることが、若林には新鮮に映ったのだ。

ふたりでいる時に先輩から誘いの電話がかかってくることもよくあった。タダでメシを食わせてもらえるのはラッキーだったが、やはり気を使うし、説教されることもある。

一番よく連絡をくれたのが前田健さんだった。ショーパブ終わりにメシに連れていってもらうことも多かったが、プライベートでもよく電話がかかってきた。マエケンさんは乙女の心を持った人で、とても寂しがり屋。ひとりでいる時間が苦手だったようで、暇さえあれば俺か若林に電話をかけてきた。

先輩には失礼だが、行ってもいいかなぁと思う時もあれば、元気がないからそういう気分じゃないなぁという日もある。若林といる時に先輩から電話がくると「マエケンさんからだ」「今日はやめとこうか」と断ったこともあった。20年近く前の話だし、きっと天国で笑ってくれているだろう。

若林は、ネタ作りの基本も知らない俺にいろいろなことを教えてくれた。なかでも思い出深いのが、「大喜利」を教えてくれたことだ。

若「この前、大喜利ライブがあって」
俺「大喜利って何？」
若「え⁉　大喜利知らないんですか？」
俺「知らないよ」
若「たとえば『人類が月に降りたらあった意外な物とは？』とかを答えるんですよ」
俺「ふ〜ん。宇宙服とか？」

まさか大喜利を知らない芸人がいるとは思ってもいなかっただろう。俺のトンチンカンな答えに「いや、そういうことじゃなくて……」とも言い切れなかったのは、答える順番によっては、「宇宙服もウケそうだなぁ」と思ってしまったからだそうだ。

そして、どうしたら俺に〝大喜利の正しいあり方〟を理解してもらえるのか相当悩んだらしい。このエピソードは、今でもふたりの笑い話になっている。

プールで夢見た売れる未来

夏のある日、若林と春日の二人を誘って杉並区の和田堀区民プールに行った。最初に俺が若林から声をかけられ、春日にも声をかけた。春日は決して自分から誘ってはこないが、誘われたらついてくる。そういう奴だった。

プールサイドで日焼けをしながら、俺はふたりにある提案をした。潜水でどこまで潜れるか。二人はあまり乗り気ではなかったようだが、「このプールを潜水で横断できた奴だけが芸能界で売れるんだよ。知ってたか？」と言って、俺はプールに飛び込んだ。

「なんすかそれ⁉」と言うふたりを尻目に、「息継ぎなしで渡り切ったら売れるんだよ！」と叫んで、プールの横壁を思いっきり蹴った。

だが、プールはそこそこ混んでいたから、思ったように進むことはできなかった。人をかいくぐっての潜水が思ったよりもキツくて、途中でたまらず顔を出した。

プールサイドで爆笑してる若林と春日が見える。

「思ったより難しいんだよ！　若林やってみろよ！」

若林も挑戦したが、同じく真ん中くらいで失敗する。

「プハー！」と顔を上げた若林を見て、爆笑する俺と春日。次の春日は潜水を始めると、瞬く間に向こうのプールサイドにタッチ。この頃から春日の体力はすごかった。

「スゲー！」

俺と若林は顔を見合わせて驚いた。しかし、春日の成功を喜んでいる場合ではない。〝潜水して渡り切ったら売れる〟と言い出した手前、春日だけが成功というのはどうにも気分が悪い。

俺は混雑した区民プールを潜水で渡り切るには、タイミングが重要だと気づいた。交差して縦に泳いでる人が障害物となるから、泳いでる人がいない一瞬のタイミングを見計らうしかない。

「今だ！」

壁をキックして潜水を始める。狙い通り障害物はない。息をすこしずつすこしずつこまめに吐く。だが、途中で苦しくなってきた。「あとすこし」「だけどもう無理かも」というふたつの思いが頭で交錯する。

苦しい――。

そうだ違うことを考えよう。苦しさから目を逸らしながら再び手をかく。やがて硬い壁にタッチしたのがわかった。成功だ。

こうなると若林も後に引けない。半ばムキになっていたとは思うが、彼もまたコツを掴んで渡り切った。

「人ってのは目標があれば頑張れるんだな」と俺が偉そうに言うと、みんなで笑った。

そのわずか数年後、オードリーのふたりは瞬く間に売れてスーパースターになった。プールで想像した未来とすこしだけ違ったのは、俺だけが売れなかったことだ。そして、この歳まで売れないなんて想像もしなかった。

ワイルドスギちゃん誕生秘話

杉山英司という先輩にも良くしてもらった。当時、俺は杉さんと呼ばしてもらっていた。毎年2回戦落ちを繰り返していたR－1ぐらんぷりで、ようやく準決勝に進出したあと、杉さんからライブの誘いを受けた。

「来年のR－1に向けて、関東の実力があるピン芸人を集めて『ピン芸人タッグリーグ戦』というライブをやりたいんだけど、参加してくれないか？」

杉さんはどこかスキがあって、ネタを見ると思わず笑ってしまうのだが、正直、華もそんなにないし、売れる要素もあまり感じられなかった。でも、実力あるピン芸人を集めてライブを立ち上げる行動力と人徳はあったし、まっすぐな目で「売れたい！」と言う姿はカッコよかった。

そのライブで誕生したのがワイルドスギちゃんだ。

杉さんがワイルドスギちゃんになってから、お客さんのウケがかなり変わった。そして、芸名も本名の杉山英司からスギちゃんに変更し、年明けのR－1ぐらんぷりで準優勝を果たし、瞬く間にスターになっていくのだった。

その年の俺の結果は2回戦落ち。同じ場で切磋琢磨《せっさたくま》したというのに、自分の不甲斐なさに腹が立つばかりだった。

あばれる君との思い出

大きなライブ会場やテレビなどで活躍するのがメジャーアイドルで、小さなライブハウスなどで活躍するのが地下アイドルだとしたら、その芸人版が「地下芸人」だ。

一般に知られていないだけで、地下ライブは多岐にわたって存在する。大手プロダクションに入れないフリー芸人だったり、聞いたこともないような小さい事務所の芸人や学生アマチュアが出るようなライブが、都内のいたる所で夜な夜な開催されている。客も少なく、たとえスベっても失うものがない地下ライブは、新ネタを試したり場数を踏むためにはもってこいの場だ。

俺も大きな大会が近くなると、知り合いの芸人に「出れるライブないかな?」と聞いて、地下ライブにエントリーした。ちなみに、地下ライブはギャラが出ないどころか、会場代を芸人たちが負担するのが一般的で２０００円ほど払う必要がある。だから、地下芸人はライブに出るために、バイトに精を出す。

ライブに出演しているのは、一度も名前を聞いたことがない芸人たちばかり。ある日、顔見知りの芸人が「今日のライブは豪華ですね！」と喜んでいる。誰か大物が来るのかと思ったら

「ＴＡＩＧＡさん、くじらさん、冷蔵庫マンさんが出るんですよ！」

「ぜんぜん豪華じゃねーじゃねーか！」

こんなやり取りを幾度したことか。ほんのすこしだが、テレビに出ている俺が行くと、ちょっとしたゲスト扱いされることが心地良かったのは否めない。

ある地下ライブは毎回対戦形式で、お客さんの投票でどっちの芸人が面白かったかを決めていた。正直、勝ったからといって賞金があるわけでもなく、誰と対戦したか、どっちが勝ったかなんてまったく覚えていなかったのだが、それから10年以上経って、その地下ライブの対戦表がネットに残っていることを知った。俺と対戦相手の芸人の勝敗が載っているのだ。

20戦ほどの勝敗表を見返すが、ほとんどが聞いたことない芸人で、おそらくみんな辞め

てしまったのだろう。かくいう俺はというと、自慢するほどではないが、ほとんどの対戦に勝利していた。しかし、2敗していた相手を見て驚いた。

その対戦相手は「あばれる君」と「キンタロー。」だったのだ。彼らはあっという間に地下から地上に飛び出し、スターになっていったから、売れていく芸人は地下にいた頃から実力があったということだろう。

スターどころか石コロだった ぺこぱ松陰寺

月イチの事務所ライブは、客前でネタをかけられる絶好の機会だ。小さいハコだったら、客の反応がダイレクトにわかるから、ネタ作りのヒントにしていた。

ある日の事務所ライブで、後輩芸人が「最近オスカーに入ってきた『先輩×後輩』という芸人のツッコミのほうがイケメンで、けっこう人気あるらしいですよ」と教えてくれた。のちのぺこぱである。

彼らのネタが始まると舞台袖に行く。最初に目がいったのはやはりツッコミだった。確かに若くてイケメンで、お笑いライブに出れば多少の人気は出るだろうが、こんなチャラチャラしたヤツはすぐに辞めるだろうとも思った。

肝心のネタも、当時はまったく面白くなかった。イケメンでちょっと人気がある若手が、壁にぶち当たりバンバン辞めていく姿をたくさん見てきた俺は、またこのパターンかと思った。芸の世界は、そんなに甘くない。

余談だが、彼らが俺に抱いた第一印象は、ドクロのニット帽に革ジャンで楽屋に入ってきた、とんでもなく悪そうな人。そんな見た目なのに、ラジコンと一緒にツイスト踊るという、わけのわからないネタを始めるからあっという間に「変な人」だと思ったとか。

時ではなく、話を元に戻そう。

しばらくして、ネタ番組のオーディションに行った帰りに「打ち上げに行こう」と後輩たちに声をかけたら、「先輩×後輩」の松井もやってきた。今の松陰寺だ。

芸人の飲み会はいつだって反省会から始まり、お姉ちゃんの話、そして仕事の愚痴で盛り上がる。楽しくなってきた俺は「ＴＡＩＧＡの良い所を言う山手線ゲームやろう！」と提案をした。

後輩は「カッコいい」「面白い」とおだててくれるので、単純な俺はいい気分になっていたが、松井は「スベってるのに、それを表情に出さないとこ」と、軽くバカにしながら俺のことをイジってきた。

ちょっと面白い奴が入ってきたな。そう思った俺は、トイレに行った時携帯番号を交換した。それからは急速に距離が縮まった。事務所ライブのあとも、オーディションのあとも、打ち上げとなると先輩×後輩のふたりは俺のあとについてきた。「TAIGAさん、TAIGAさん」と慕ってくるのがかわいかった。

オードリーもそうだったが、先輩×後輩のふたりも、ネタは面白くなかったけど売れてない頃から人（にん）が面白いヤツだった。

売れてない俺にはうまく説明できないが、人の面白さというのは努力とかでどうにもならないらしい。人が面白くない芸人は、台本が面白くてもやはり売れないと思う。

だからといって、俺は彼らが売れると思って付き合ってたわけではもちろんない。たまたま波長が合ったから一緒にいただけだ。松井は俺の風呂なしアパートの近くに引っ越してきたし、近所で一緒にネタを作ったり飲みに行ったりもした。それくらい一緒にいて楽しかった。俺は松井にネタ作りの基本的なことや、ステージの上での自分の見せ方を請われるままに教えた。松井はいつもうれしそうに、それを聞いていた。

彼らがM－1グランプリで爆笑をとり、オードリーと同じようにスターになっていくとはこの時は知るはずもなかった。

ぺこぱ移籍

サンミュージックに移籍したあとも、大勢でワイワイやるのが好きだった俺は、芸人仲間を集めて１００人花見大会などを企画したり、バーベキューを定期的に開催していた。年齢を重ねて性格も丸くなったからか、後輩たちも俺にビビらず集まってくれた。

集まりがある時は、オスカー時代からかわいがっていたぺこぱのふたりも誘った。当時はネタはイマイチだったが、人（にん）が面白いふたりだと思っていたから、事務所が違っても付き合いは変わらずあったし、３人でもよく飲んだ。歳は離れているが、一緒にいて楽しかった。

いつものように居酒屋でぺこぱのふたりと飲んでいた時のことだ。その日の松井（現在は松陰寺）は、ずっと表情がさえないことが気になっていた。やっとのことで決まった深夜番組のレギュラーが終わり、チャンスを掴み損ねた頃だ。

シュウペイはまだ若かったが、松井は30代後半にさしかかるところだった。俺はすぐにピンときた。表情、声のトーンなど、何かを言いたそうにしているのがすぐにわかる。売れない現状と40歳前というリアルな年齢、その両方を考えたら、辞めることを真剣に考えていても不思議ではない。

何かを言おうと口を開きかけた松井を遮るようにシュウペイに話を振る。

「シュウペイは解散しても新しい相方を見つけて芸人を続けそうだよな」

するとシュウペイは、

「僕は相方に誘ってもらってこの世界にきたので、相方以外と組んでお笑いを続ける気はないです」

キッパリそう言い切った。ということは松井が辞める決断をしたらシュウペイも自動的に辞めることになる。松井は再び口を閉ざしたまま、じっと下を見ていた。

「お前ら絶対に芸人辞めんなよ」

そう言いたいのは山々だったが、無責任なことは言えなかった。ずっとかわいがってきた後輩だからこそ、そんな軽はずみなことは言えない。貧乏な生活で売れない芸人を続けていくことが、どれだけ大変なことかは俺のほうが知っている。たとえ気休めだとしても、俺の偽らざる本音だとしても、それだけは言えなかった。その日の飲み会は、まったく盛り上がらないままお開きになった。

しばらく経って、M－1グランプリの3回戦でぺこぱがかけたネタ動画を見る機会があった。今までのネタとは全く違うアプローチ、相手を否定しないで肯定し続ける「人を傷つけない漫才」の原型がそこにあった。

「これは面白いぞ！」。滅多に褒めない俺がそんなことを言うもんだから、松井は本当にうれしそうだった。M－1は準々決勝で敗退したが、次世代スター発掘番組といえる『ぐるナイ』の『おもしろ荘』では見事、優勝を勝ち取る。これまで日の目を見なかったコンビが売れる気配を確実に感じた。

しかし、その波に乗ることができないのがベテランの悲しさなんだろう。優勝したぺこぱより、同じく『おもしろ荘』で活躍した夢屋まさるが「パンケーキ食べたい！」のネタで大ブレイクを果たす。

『おもしろ荘』の恩恵に預かることができなかったぺこぱは、そのまま新しい春を迎えることに。同時にオスカープロモーションは、お笑い部門から撤退を発表した。その一報を誰よりも早く耳にした俺は、すぐに松井に連絡する。近所の焼き鳥屋で、前からずっと思っていたことを提案する。

「サンミュージックに来るか？」

だが、売れてないし影響力もない俺の一存で事務所への所属は決めることはできない。慌ててカンニングの竹山さんをはじめとする先輩、マネージャー陣に「ぺこぱがうちに来たいそうなので、お願いできないでしょうか？」と頭を下げて回る。

その数日後、竹山さんがMCを務めるABEMAの番組にぺこぱが呼ばれた。

「お前らウチに入れよ」

竹山さんのそのひとことで所属が決まった。事務所ライブに行けば、ぺこぱがいる。それがなんだかうれしかった。

チャンスの神様を微笑ませる方法

ぺこぱがサンミュージックに移籍してきて数カ月。事務所ライブでも漫才のウケはよく、すぐに上のクラスのライブに昇格した。一般的に、事務所ライブには自分のランクによって出演できるライブが決まっていて、勝ち抜くことで上のクラスに所属できる。そうすれば事務所も力を入れてくれて、テレビなどに出るチャンスも増える。

そして2019年、再びM－1グランプリの予選が始まった。

1回戦から順調に勝ち上がったぺこぱは、昨年跳ね返された準々決勝の壁も越えた。松井とシュウペイのこれまでの努力を知っていた俺は、自分の賞レースでもないのに結果が気になってしょうがなかった。

だが、祈ることしかできない。準決勝の日も祈っていた。出番終わりに松井に連絡すると、すぐに返事があった。

「かなりウケました。けど、周りもメッチャウケてたからどうですかね」

数日後。仕事の合間に松井からのＬＩＮＥに気づく。

「Ｍ－１決勝決まりました！」

俺の祈りがすこしは役に立ったのだろうか。

「終わったらすぐに新宿に来い、お祝いだ！」

ぺこぱの決勝までしばらく時間があったが、俺はずっと伝えたいことがあった。それは自分のＲ－１ぐらんぷりの反省でもあった。

自分のネタに自信があった俺は、このネタでダメなら本望だと思っていた。強がることが男らしさだと思っていたのかもしれない。本番の順番なんてどうでもいいと吹聴していた。場の空気が温まってないトップは、賞レースでは不利とされていたのはもちろん知っていたが、俺だったらそんなジンクスをぶち壊してやると虚勢を張った。

だが、いざ決勝が決まると、そんな虚勢はどこへやら。

「出番はトップはイヤだな」

「あの芸人と同じブロックはイヤだな」

「他の芸人ウケるな」

「せめて爪痕を残そう」

そんなマイナスなことばかり考えるようになっていたんだから笑ってしまう。俺が決勝で結果を残せなかったのは、この消極的な姿勢にもあったと思っている。そんなヤツにチャンスの神様は微笑まないだろう。Ｒ－１の決勝から数年が経っても、そのことがずっと頭に引っかかっていた。だからこそ、ふたりには失敗をしてほしくなかった。

ぺこぱのふたりに伝えたのは、俺がＲ－１決勝当日にできなかったことだ。Ｍ－１グランプリの順番はくじ引きだから、何番目にネタをするかわからない。

「トップはイヤだなぁと思うな。『トップ来い、来い！』と思って待つんだ」

「他の芸人に対してマイナスな感情を持つな」

「『他の芸人ウケろ！』『俺たちはもっとウケるぞ！』と思え」

「絶対に優勝すると思え」

ふたりとも食い入るように俺の話を聞いているのがわかった。かわいい後輩に対して、俺にできることは全てやった。同時に俺の心にずっとあった重しが、ようやく取れた気がした。家に帰るとふたりからメールがきていた。

「当日かましてくるんで見ててください！」

M－1で最終決戦まで進んだぺこぱは、3位という立派な成績をおさめたのはご存じの通り。俺はテレビの前で何度も手を叩いて笑った。

その日の深夜0時。居酒屋に集まっていたのはサンミュージックと元オスカーの芸人たち。密着カメラと一緒に入って来たぺこぱは芸人たちにもみくちゃにされ、カメラがその様子を必死に撮影する。

俺はその様子をすこし離れた所で眺めながら酒を飲む。お前らが売れたら安い居酒屋なんかにもう付き合わなくていいぞ。もっともっと売れてる先輩にかわいがってもらえ。俺もいつかそこに行くから。

カズレーザーとの思い出

メイプル超合金のカズレーザーと初めて出会ったのは20年くらい前だろうか。その当時、よく出させてもらっていたブッチャーブラザーズさん主催の「ビタミン寄席」という人気ライブで、彼はライブの音響や裏方の手伝いをしていた。

いつでも赤い服、そして金髪。背も高いし、とにかく派手で目立つ若手がいるなぁと印象に残っていた。それからしばらくして、風呂代わりに通っていたスポーツジムで偶然一緒になり、立ち話をするようになった。

そんな頃、あるドラマの打ち上げに若手芸人が呼ばれて余興をする機会があった。プロデューサーらしき人はとにかく偉そうで「若手芸人、精いっぱい盛り上げてくれよ！」と酔っ払って上から目線だった。俺たちは全員カチンときた。売れない芸人をバカにしているのは明らかだったからだ。

若手の中に、サンミュージックからきたメイプル超合金もいた。そして一通り芸人たちのネタが終わると、パラパラと小さな拍手。その次に挨拶で壇上に上がったのは、とある大物俳優だった。そして彼はこう言い放った。

「先ほど芸人のネタを見たけど、改めて役者はすごいと思いました」

なんで俺たち芸人の価値を勝手に決めるんだ。どっちが上って誰が決めたんだ。会場にいた芸人はみんなイラついていたし、俺は頭に血が上ってしまった。

「どういうつもりであのセリフを吐いたのか聞いてくるわ」

挨拶終わりの大物俳優が談笑する円卓に足早に向かう。「なんだお前は？」という目をしてこちらを見る俳優に、「さっきの言葉はどういう意味でしょうか？」と問いかけた。

鼻息は荒く、目が血走った俺を見て、さすがにヤバイと思ったのかもしれない。詳細は覚えてないのだが、彼は「まぁまぁ」と笑顔で俺の肩を抱いて、上手にお茶を濁されてしまった。

今になって考えると大事にならずに済んでよかったが、当時の芸能界では役者が上で、芸人が下という認識が強かったのかもしれない。

それから何年かして、俺はカズレーザーと同じサンミュージックにお世話になることが決まった。事務所が一緒になったおかげで、カズとはさらに仲良くなった。家も近所だったからよく飲みに行ったし、カズは舞台上でも飲みの席でも俺のことをめちゃくちゃイジるようになった。それは彼なりのコミュニケーションだとわかっていたから、とてもうれしかった。

ある日、どこかの養成所でサンミュージックの芸人がネタをやる授業があった。授業が終わって、サンミュージックの芸人と養成所の学生で打ち上げをすることになったのだが、飲みの席でもカズや他の芸人が俺に無茶振りしては、そのたびに笑いが起きていた。カズは俺をイジるのが本当に上手だった。彼にどれだけイジられても悪い気はしない。それはやはり芸人の腕なんだろう。

しばらくすると、学生のひとりが「この人はイジッていい人なんだな」と判断したのか、突然、俺に無茶振りをしてきた。その瞬間、カズは烈火の如く怒り出した。

「お前らみたいな学生がプロの芸人イジってんじゃねえ。10年早いんだよ!」

カズのあまりの剣幕に、飲み会の場は凍りついた。涙目になっている学生もいた。「まぁまぁ」とその場をなだめながら、芸人の後輩がリスペクトをもってイジるのと、素人が雑にイジるのは意味が違うのだと改めて思った。あの見た目のせいか、とてつもない変人だと思われがちだけど、当時からそういう所はちゃんとしていた。

それからほどなくしてメイプル超合金はM－1決勝に進出し、あっという間に売れてゆく。カズは売れてからも、頻繁《ひんぱん》に連絡をくれた。多い時は週に5日は飲んでいたと思う。カズが売れる前までは俺が奢っていたが、売れてからはカズに奢ってもらっている。だが、カズはそんなことを一切気にかけてないように見えるし、俺にも気を使わせないようにしてくれる。

俺たちの結婚式にも来てくれたし、ご祝儀もたくさん包んでくれた。子供ができると安産祈願のお守りを買ってきてくれた。俺は売れたら、カズみたいな芸人になりたいと思った。もはや、どちらが先輩かわからない。

売れる条件を全て満たしていたモグライダー・芝

売れていく芸人たちに共通するのは、真面目で優しいことだ。

彼らはいつも真剣に、面白いことを考えている。売れない地獄や苦しみを知っているから、誰に対しても優しい。

昔の芸能界は、周りを引きずり下ろしてでも、自分が上に行こうとするくらいの気持ちがないと売れないと言われてたし、実際そうだったのかもしれない。

しかし、時代は変わった。

芸能界は人が人を使う仕事だから、性格が悪い人が残っていける場所ではないのは当然だ。そしてイジる側もイジられる側も、全てをさらけ出してお腹を見せてくれるような芸人でないといけない。

これらの条件を全て満たしているのに、売れていない芸人がすぐ近くにいた。モグライダーの芝という男だ。

芝とはライブで一緒になってからよくつるむようになり、お互い結婚して子供が生まれてからは家族ぐるみで交流していた。

芝は真面目で優しい人間だ。ライブで一緒になっても必ずこちらを面白くしてくれるし、イヤな気持ちになるようなイジリはしてこない。こちらが芝をどんなに雑にイジっても、ちゃんと受け止めてくれる懐の深さや技術を持っていた。こいつは売れる芸人に必要な物を全て持っていると思った。

そんなモグライダーだが、芸歴を重ねてもなかなか売れずくすぶっていた。

芝は根が明るい。くすぶった状態が続いても、落ち込んでるような雰囲気は一切出さない。だが、このままではテレビに出られない劇場番長で終わってしまうんじゃないか、そう考えて悩んでいる時期があった。

だから、俺は初めて言った。

「芝は売れる人に必要な条件すべて持ってるから、絶対売れる。大丈夫だよ」

それから約2年。モグライダーはM－1グランプリで決勝に進み、その後は仕事が激増してテレビで見ない日はない。芝もちょくちょくテレビや雑誌で俺の名前を出してくれている。そう、売れる人はみんな真面目で優しい。

そういえば何年か前に若林に言われた。

「売れてる芸人に必要な条件を全部持っていて、売れてないのはＴＡＩＧＡさんだけです」

message
for
TAIGA

from

モグライダー 芝 大輔

俺はTAIGAさんが好きです。

ハンサムなTAIGAさんが好きです。

兄貴肌なTAIGAさんが好きです。

みんなからイジられるTAIGAさんが好きです。

テレビ出る度に泣いてるTAIGAさんが好きです。

言い訳しないTAIGAさんが好きです。

他人のせいにしないTAIGAさんが好きです。

髪をセットしてないと、頑張れ五右衛門くらい毛量が多いTAIGAさんが好きです。

まるでお母さんが作ったみたいなリズムネタをやるTAIGAさんが好きです。

大鶴義丹さんの不倫釈明会見の完コピができるTAIGAさんが好きです。

何年も通ってるお店の人に、いつもありがとうございます、加瀬大周さんですよね？ と言われたTAIGAさんが好きです。

ショーパブの匂いが抜けないＴＡＩＧＡさんが好きです。

１００人駆けつけるまで帰れない花見を主催してなかなか人が集まらず、夜になりみんなが帰りたがって人望を失いかけたＴＡＩＧＡさんが好きです。

しょっちゅうお笑いを間違えるＴＡＩＧＡさんが好きです。

ＴＡＩＧＡさんがみんなの家族を集めてやった花見のとき僕の嫁に「奥さん、これでなんでも好きな物買ってきなよ」とＳｕｉｃａを渡してきたＴＡＩＧＡさんが好きです。

感謝祭のマラソンでトランプマンに抜かれるＴＡＩＧＡさんが好きです。

単独ライブでテツａｎｄトモのネタをまんまやって客席から「ドロボー！」とヤジが飛んだＴＡＩＧＡさんが好きです。

昔行った余興先でＴＡＩＧＡさんのネタ中に「つまらない」と騒ぎだした客と、「そんな事言ったら失礼だろ」と言う客とが揉め始めて乱闘になりＴＡＩＧＡさんだけを残して全員外に出てしまったことがあるＴＡＩＧＡさんが好きです。

疲れてくると、なんでんかんでんの社長みたいな顔になるＴＡＩＧＡさんが好きです。

子供が生まれた時、家族のために芸人を辞めようかと思ったＴＡＩＧＡさんが好きです。

生まれた子を見て、将来「お前が生まれて芸人辞めたんだ」じゃなくて「お前が生まれてくれたおかげで芸人続けられたんだ」と言いたくて辞めるのをやめたＴＡＩＧＡさんが好きです。
家庭の事を一番に考えているＴＡＩＧＡさんが好きです。
他人の幸せを本気で喜べるＴＡＩＧＡさんが好きです。
他人のために泣けるＴＡＩＧＡさんが好きです。
人として男として父親としてのＴＡＩＧＡさんが好きです。
芸人としてＴＡＩＧＡさんが好きです。
ずーっと「芝は絶対売れるから大丈夫」と言ってくれたＴＡＩＧＡさんが好きです。
自分だけなかなか売れないＴＡＩＧＡさんが好きです。
他人に好かれようとしないＴＡＩＧＡさんが好きです。
なりふりかまわないＴＡＩＧＡさんが好きです。

俺たちはみんなＴＡＩＧＡさんが大好きです。

message
for
TAIGA

from

モグライダー ともしげ

TAIGAさんと僕

TAIGAさんの最初の印象は、かなり恐い人というイメージでした。キリッとした顔立ち、ど派手なリーゼント、「躰道」という格闘技をやっていてオスカーの番長、一節には、背中に大きな龍の刺青が入っているとかいないとか。

とにかく接点がない時は気軽に話しかけられるタイプではないと恐れていました。初めて話したのは『ペイジワン（藤井ペイジさんのライブ）』の楽屋だったと思います。後輩である芝くんにめちゃめちゃイジられていたのです。イジられてもいやな顔をせず真面目に一生懸命つっこんだりあわてふためいていました。

それからライブや飲み会であったりするとカズレーザーにイジられたりとにかく愛されているタイプの芸人さんだと気付きました。そしてとにかくお笑いに熱い人だということもわかりました。とあるイベントですごく失礼なことを言った某俳優さんにひとりで抗議にいったという伝説は本当にすごくお笑いが好きなんだと伝わりました。

R－1ぐらんぷりにもとにかく真剣で、マツモトクラブさんやルシファー吉岡さんを率いて『7ピンLIVE』というのを立ちあげてR－1ぐらんぷり決勝をめざすということをやっていました。そのおかげで多くの人がR－1ぐらんぷりの決勝で輝くことができたと聞いています。ただお笑いに熱いだけでなく仲間思いのまっすぐな人なんだなと感動しました。

誰かがお笑いの賞レースの決勝にいった時は、決して悪口や妬み嫉妬などはせず本気で応援できるひとなんです。ぺこぱがM－1の決勝にいった時に送ったメッセージを僕らのM－1決勝時も送ってくれました。

「『笑神籤《えみくじ》は最初からトップバッター来い来い！』と思っていたほうがよい。『トップはやだなぁ』と絶対に思わないでトップから来いと思うことが大事。まわりの芸人をスベろとか思わず、周りの芸人もウケろと思って見て、『やったウケた！　俺たちはもっとウケるぞ！』と思って行ったほうがいいぞ！　とにかくマイナスな考えは一切捨ててプラスに考えた方がいい！　そしたら結果はおのずとついてくるから」というものでした。

このメッセージを信じてM－1決勝の時、「トップ来い！　トップ来い！」と言っていたら本当にトップを引かれちゃってあ然として、「いやマイナスに考えちゃだめだプラスに考えてやれ」って思って決勝終えたんですが、順位は8位で「TAIGAさーん！！　なんだよー！」とはちょっと思ってしまいました。

ですがそのM－1のあとはお仕事が増え、忙しくさせてもらえるようになりました。これはTAIGAさんから温かいメッセージを頂いたことが結果となってきてくれたのだと思います。TAIGAさん本当にありがとうございました。

最近もTAIGAさんとTBSの感謝祭の赤坂ミニマラソンでご一緒させていただきました。その時も優しく家族を大事にそしてなによりお笑いを大事にミニマラソンを全力でやっている姿はカッコよかったです。僕も最近子供ができまして、TAIGAさんのようなお笑いにも家族にも愛のある戦士になれるよう今後も精進したいと思います。

TAIGAさん、これからもよろしくお願いします。

第6章

TAIGAのプライベート

彼女との出会い

「なんだか、かわいいバイトの子が入ってきたな」

それが第一印象だった。俺がいつもステージに立っていたショーパブで、新しくバイトとして働き始めたその子は、よく働くし、とにかく気が利く子だった。気がついたら、スタッフや出演者からはもちろん、お客さんからもかわいがられるようになっていた。

周りから聞いた話では、どうやら声優をやっているようだが、あちらの世界も俺たちの世界と同じように売れるまでの道のりは厳しく、バイトしながら二足のわらじを履いていたようだ。

気がついたら、その子のことを目で追うようになっていた。だが、当時の俺はショーパブの出演者で、向こうはお店のアルバイト。アルバイトに手を出すなんて恥ずかしいという思いがあったから、お店でたまに話すことはあっても、距離が縮まることはなかった。

そうこうしてるうちに、俺はショーパブをクビになる。今まで散々、身を粉にして働いていたのに、クビになる時は一瞬だった。その仕打ちに対して心は荒み切っていたが、新しい仕事も探さなくてはいけないと焦っていた。すると、知り合いから連絡があった。どうやらショーパブのバイトの子が、俺と連絡を取りたがっているらしい。

「あの子か」

そこから連絡を取り合うようになり、お互い酒が好きということで、気が向けば一緒に飲みに行くようになった。ショーパブをクビになったばかりだったから、グチばかりこぼしていたようだ。

その子といると不思議と楽しかった。いつもニコニコとした朗らかな性格だったし、俺の言うことでよく笑ってくれた。だから一緒にいて気が楽だったし、楽しかった。何度か飲みに行ったあと、付き合うことになった。

初めてのデートは小田急線に乗って、俺が好きだった江ノ島の海を見せた。


だが、当時は芸人人生のまさにどん底だった。「売れるのはもう無理だから、諦めて他の仕事を探そうかなぁ」――そんなことを考える時間も増えていた。この頃のことを、地元の友人は今でも覚えているそうだ。一緒に飲みに行っても鬱々としている俺を見て、何度も「もう芸人を辞めたら?」と言おうか迷ったそうだ。

先の見えない生活が本当にツラかった。来る日も来る日もショーパブや営業ばかり。憧れのテレビには手が届きそうで、ずっと届かないまま。好きで始めた仕事なのに、嫌いになりそうだった。

貧乏なふたりが一緒にいてもみじめになるだけだった。そして、心の奥底には、クビになったショーパブのバイトの子と関係があることを、芸人仲間に知られるのがイヤだという、ちっぽけなプライドもあった。

それでも、俺から遊びに誘ったりと、ずるずると付き合いは続いた。ライブが終わると、必ずメールをくれた。

「今日もＴＡＩＧＡさんが一番面白かった。絶対に売れると思う！」

ライブはもちろん、Ｒ－１ぐらんぷりの予選も毎回見に来てくれて、合否の結果が出ると同時に「やったね！」とうれしそうなメールを送ってきてくれた。予選を通らなかった時はメールは送られてこなかった。きっと、傷心の俺を気遣ってくれたんだろう。

初めての同棲

10年以上住んだ風呂なしアパートから退去してほしい、不動産屋からそんな連絡があったのは7月半ばだった。どうやらオーナーのお婆さんが亡くなり、取り壊して土地を売りたいらしい。もちろん引っ越し費用などは先方で持つと。

いい機会だと思った。40歳を目前にして風呂無しアパートは、さすがにヤバいと思っていたし、家賃をすこし上げて自分を追い込むのも悪くない。4万3000円から6万5000円と2万円以上も家賃がアップしたのは正直キツかったが、1Kユニットバストイレ付きで、自宅で好きなタイミングで風呂に入れるのは感動的だった。風呂代わりに使っていたジムはもちろん解約した。

そして、1年の集大成とも言えるR－1ぐらんぷりの予選が始まる。ゲロを吐きそうなほど緊張して臨むも、またもや3回戦落ち。グチをこぼせる相手は彼女しかいない。

「今年もダメだった」

「大丈夫！　TAIGAさんが一番面白いから」

彼女は、いつも立ち止まろうとする俺の背中を押してくれる。40歳近くまで走り続けてきたガス欠寸前の芸人は、もしかすると彼女のおかげで走り続けてこれたのかもしれない。

俺はベッドに寝転がって天井を眺めていた。

「この部屋で一緒に暮らそうか」

彼女はポカンとしている。彼女はうれしそうな表情を浮かべていたが、俺はなんだか恥ずかしくて、目を合わせることができなかった。

生まれて初めての同棲が始まった。毎日、家に誰かがいる。手が空けば掃除や洗濯をやってくれる。ごはんも作ってくれる。一緒にキッチンに立つこともあった。ふたり暮らしは楽しかった。

15年以上一人暮らしをしていたが、家なんか寝に帰るだけの場所だった。深夜まで芸人仲間と飲んで、帰ったら寝て起きて、ジムで風呂に入って1日が始まる。それの繰り返し。だが、彼女と暮らすようになり、生活が一変した。ドアを開けると、部屋の中の暖かい空気が優しく俺を包む。料理を作ってくれた日は、玄関の外までいい香りがすることもあった。

家に帰るのが楽しくなった。今日あった出来事を彼女に話したい。バイトが終わったら寄り道せずに帰ろうと思ったし、時間が経つのを忘れて夜中まで話し込むこともあった。俺は極度の寂しがり屋だったことにも気づいた。

俺のために流してくれた涙

同棲を始めてから、しばらく経ったある日のこと、短大時代の女友達S子から結婚式の連絡がきた。短大時代といえば、何も考えずにアホなことができた、俺の人生の中で、もっとも充実した楽しい時間だった。

当時は男女問わず、みんな仲が良く、約20年ぶりに会いたい気持ちはあったが、どうやら彼女は大阪に住んでいるらしい。大阪までの往復の新幹線代に、ご祝儀代3万を包んで二次会に行けば、おそらく8万はかかるだろう。

売れない芸人から8万を奪ったら、その月は生きていけない。行きたい気持ちはあるが、正直断りたい。

すると、S子から往復の新幹線代にご祝儀代も全部出すから、余興をやってほしいとオファーがあった。きっと金がない俺を見かねて助け舟を出してくれたのだろう。

いい歳して、友達の結婚式に手ぶらで行くのも申し訳ないが、その申し出を受けることにした。8万円の貸しは俺が売れたら絶対に返すつもりだった。

結婚式では、R－1決勝で披露した「お前、誰だよ！　ロックンロール」を選んだ。一応R－1ぐらんぷりのファイナリストだし、芸人としてそこそこ胸を張っていっていい勲章だ。俺は自信を持って友人のために余興を披露した。

結婚式では20年ぶりに会う友人と昔話に花が咲いた。だが二次会で事件が起こる。主役のS子は関西人だったので、主役でありながら巧みなトークで周りを笑わせていた。俺は10年以上前に作った「芸人より面白いと思ってるイタイ一般人」のコントを思い出していた。

俺が作ったコントと一字一句変わらず同じことを言っている主役を醒めた目で見つめる。

身内を身内ネタで笑わせることと、舞台に立って知らない人を笑わせることが、どれだけ違うかなんてわかるはずないし、そんなこと説明するのも大人気ない。ダメだ、ダメだ。仮にも本日の主役に、イタイなんて感情を持ってはダメだ。冷静になるんだ。俺は「素人に負けて悔しそう」な顔をして、強い酒を一気にあおった。友人たちはそれを見て、さらに盛り上がった。

翌日は友人たちと車で大阪観光をする予定だった。助手席に座った俺に、S子が後部座席から聞いてくる。

「彼女いるの？」

「一応いるんだけどね。なかなか結婚の踏ん切りがつかなくて」

「この歳で売れてなくて金のない男と結婚してくれる女性なんて、いるわけないやん！」

ふと短大時代のS子を思い返した。そういえば「デートに行ったのに割り勘にされた」「飲み会は男が多めに払うのは当たり前」とお金に厳しい女性だったたな。S子の価値観からしたら、40歳目前で金のない男と結婚する女なんていいるわけないということだ。

東京にいる彼女の顔を思い出す。プロポーズしたら喜んでOKしてくれると思うんだけどなぁ。S子にしたら、金を出してもらってノコノコ結婚式に来るダメな俺に腹が立っていたのかもしれない。

「この先、TAIGAは売れるかな〜?」と別の友人が言うと、S子は「売れへんやろ。おもろないもん。こんなダメな男、無理やて」吐き捨てるように言った。

一瞬で頭に血が上った。今までの努力や苦労全てを踏みにじられたようで、拳が震えてブチギレそうだった。だが、結果を残していないのは、まぎれもなく俺だ。この歳まで売れてない原因も、すべて俺にある。お金を出してもらって大阪まできた俺が悪い。何より、ここでブチギレたら友人たちにまで最悪な気持ちにさせてしまう。

怒りを鎮めるために、大きく深呼吸する。

金持ち社長に飲み屋でおしぼりを投げられ、酒をかけられながら「面白くねー」「売れるわけないだろ」そんなことを散々言われ、バカにされ続けてきた若い頃の苦い経験を経て、短大時代の友から最後に貼られたレッテルは「面白くないダメな奴」。

挨拶もそこそこに新幹線に飛び乗る。ボーッと車窓を眺める。イヤホンからは中島みゆきの『ファイト!』が流れていた。

「♪ファイト! 闘う君の唄を〜闘わない奴等が笑うだろう〜ファイト!」

自宅に帰り、バイト終わりの彼女を飲みに誘う。乾杯が終わると彼女は笑顔で「結婚式どうだった? 楽しかった?」と聞いてきた。

「楽しくなかった。好き勝手に言われたよ。でも金もないのに結婚式なんか行った俺が悪いな」

そう言って酒をあおるように飲む。ふと彼女を見ると、大粒の涙を流していた。

「そんな人たちにＴＡＩＧＡさんの面白さがわかるわけないじゃん！　悔しい、絶対許せない！」

あちこちでバカにされてきた俺だし、自信をなくしたことは何度もあった、芸人を辞めようと思ったことも数えきれないほどある。そして気がついた。俺の才能を変わらず信じてくれていたのは、目の前にいる彼女だけだってことに。

次の日から朝から晩まで必死にバイトをした。年末にＳ子に８万円を送り返し、連絡先も消した。そして俺は決心した。この子と結婚しよう。

大みそかに8000円の指輪でプロポーズ

仕事が終わり、酒をたらふく飲んだ俺は、営業先でもらった花を玄関に置いて、風呂も入らずそのまま眠りこけてしまったようだ。翌朝、父親の遺影の横に、きれいに花瓶にいけた花が飾ってあった。水を吸って元気になった花が、とても美しく見えた。一緒に暮らし始めて一年が経とうとしていた。

２０１６年の大みそか。俺は41歳になっていた。
「たまには外でメシでも食おうよ」
彼女をお台場に呼び出した俺は、いつも通りスーパー銭湯のバイトを終えると、風呂に入ってから彼女の待つショッピングモールのレストランに向かった。
食事と夜景、金のないふたりのささやかな贅沢。時計を見ると21時を回っていた。この日も彼女はよく笑ってくれた。彼女の顔を見ると胸がすこし痛む。ずるずるとした関係のまま今年が終わってしまうのか——。
彼女と一緒に窓の外の夜景を眺める。大晦日のお台場は人も少なく、イルミネーションがとてもきれいだった。別に死ぬ前でもないのに、これまでの思い出が走馬灯のように蘇る。
どこかの社長「相変わらず面白くねーな」
彼女「ＴＡＩＧＡさんが一番面白かった！」
飲み屋の客「売れるわけないだろ。頭から酒でもかぶってろ」
彼女「絶対に売れると思う。面白いもん！」
Ｓ子「売れへんやろ！　オモロないもん！　こんなダメな男と結婚する女性おるわけないやん！」

彼女「そんな人たちにＴＡＩＧＡさんの面白さがわかるわけない！　私、悔しい！」

「あぁ、何やってんだ俺」

思わず大きな声が出た。そして頭を抱えた。

もうすぐ今年が終わる。年が明けたらまたグズグズする。これだけ思ってくれる子を幸せにできねーなんて、ダセーな俺。

時計を見る。今しかない。

「お腹が痛いからトイレに行ってくる」

そう言ってレストランを飛び出した俺はひたすら走った。ショッピングモールの中にアクセサリーショップはないかと探した。そして閉店間際のショップを見つけた。

「今からプロポーズしたいんですけど婚約指輪ありますか⁉」

「サイズは？」

「わからないです！」

「普通は９号くらいかなと」

「じゃあそれで‼」

指輪は８０００円だった。値段に文句を言うような子ではないが、俺の精一杯の気持ちだとわかってほしかった。

ふたたび走ってレストランまで戻る。汗だくの俺を見た彼女は、よっぽどお腹の具合が悪いのだろうと心配したようだ。彼女と一緒にお台場の海岸を散歩した。そして、ふたたびトイレにこもり、買ったばかりの８０００円の婚約指輪を取り出して、浜辺で海を眺める彼女に近づく。

「ずいぶん時間がかかっちゃってごめんね。俺と結婚しよう」

すこしタイムラグがあった。ちっぽけな指輪をじっと見つめて、彼女は静かに涙を流した。

「私でいいなら、お願いします」

突然のプロポーズだった。この子を幸せにするために絶対に売れてやる。彼女の肩を抱き寄せながら、そう強く心に誓った。

会議室で挙げた異例の結婚式

芸人仲間にはライブ終わりの打ち上げで「明日入籍する」と報告したら、とても喜んでくれた。その日の深夜に、区役所にふたりで婚姻届を出しに行った。

２０１７年１月27日の深夜１時過ぎ。婚姻届と書かれた紙切れをしみじみと見つめる。金がないなら、深夜までバイトする。彼女が病気になったら、家にいて看病する。世界中が彼女の敵になろうとも俺だけは味方でいる。一生守る。何があっても大丈夫。俺はこの子を幸せにする。

籍を入れるにあたって、結婚式もしたいと思っていた。奥さんは結婚式はやらなくていいと言っていたが、一生に一度くらいはそんな贅沢をしてもいいだろう。

だが、見学に行ったホテルや式場で知った費用はとてつもない額だった。だが、粘りに粘ると、担当者が結婚式場ではなく会議室として使うのでしたら、グッと安くなるというウルトラCを教えてくれた。飾り付けや演出が地味になるというが、そんなのはどうでもいい。なぜなら、俺には結婚式を盛り上げてくれる大勢の仲間がいるから。

「まもなく開宴です」と係の人に誘導されてドアの前に立つ。この向こうに本当に招待した人たちが来てくれてるのだろうか。中からは司会を務めてくれたオードリー若林が挨拶をしているのが聞こえた。

「新郎のTAIGAさんですが、この日のために5キロダイエットされたそうです。新郎のダイエットってなかなか聞かないですよね」

ドア前で俺と嫁は緊張で顔がこわばっていたと思うが、会場は若林のおかげで既に温まっていた。よし、行くか！

「それでは新郎新婦の入場です！」

ドアがオープンすると、俺たちふたりにスポットライトが当たる。会場は大きな拍手と歓声に包まれる。たくさんの仲間が来てくれているのを見て目頭が熱くなる。

この日は参列した人たちの前で愛を誓う人前式だった。「それでは牧師さんに入場していただきましょう」の言葉と同時に扉が開くと、そこには牧師姿をしている春日がいた。

「トゥース！」

春日の登場に会場が沸く。いつも通り胸を張ってゆっくりゆっくりと入場してくる春日を見て、嫁は大声で笑っている。永遠の愛を誓い合う儀式のあとも、無駄にゆっくりと退場する春日。若林がここぞとばかりにツッコんで、さらに笑いが起こる。


主賓挨拶はサンミュージック相澤社長だ。芸能界の顔とも言える相澤社長に挨拶をお願いできたことで、嫁の親族やご友人にも顔が立った。そして乾杯のセレモニーへ。

「乾杯のご挨拶は天国からこちらの方が駆けつけてくださいました」

ドアが開くと、そこにはデカいブランデーグラスを持った石原裕次郎、ではなく、ゆうたろうさんがいて歌いながら登場する。年配の参列者はこれを見て大いに笑っていた。

乾杯。歓談の時間になると、酒を片手に芸人仲間が次々と自分たちの所に挨拶に来てくれた。スギちゃん、ゆってぃさん、メイプル超合金などが来ると、客席からもフラッシュがたかれて、まるでスターになったような気分だった。

レベルが高すぎる余興で騒ぎに

そしてお待ちかねの余興の時間が始まる。後からプランナーさんに聞いたところによると、会場の外まで聞こえる歌声があまりにそっくりだったため、大物芸能人の結婚式にコブクロがきてるとザワついたとか。さすがプロのモノマネ芸人だ。

個人的にどうしても見てほしかったのが、まだ売れる前のチャンス大城さんだ。芸人以外のお客さんは最初はポカンとしていたが、ネタを見たらドッカンドッカンウケていた。スベリ知らずの称号はダテではない。もちろん一番笑っていたのは横にいる嫁だ。彼女が笑っている姿を見て、こちらも幸せな気持ちになった。

お色直しで中座したのちは、新郎新婦ともに50年代のファッションに身を包み、「お前、誰だよ！　ロックンロール」をＢＧＭにツイストを踊りながら登場する。

嫁の師匠であり、アニソン界のレジェンドと言われるジャムプロジェクトの奥井雅美さんからのお祝いの歌を聞いた彼女は感激して涙を流していた。

そしてシメは英二さんによる『乾杯』。歌が終わると会場は大きな拍手に包まれた。

披露宴の最後は新郎挨拶だ。マイクを手にすると、会場が静まり返る。俺はいつもどおりの、飾らない言葉でみんなに感謝を伝えたかった。

「この歳まで売れない芸人をやってきました。僕にはひとつだけ自慢できることがあります。それは出会う人に恵まれてきたことです。僕に人望があるわけではなく、たまたま素敵な人たちに会えてきた。それが今日ここに来てくれた皆さんです」一礼して退場する。拍手に送られて扉の外に出て横を見ると、そこには嫁のとびきりの笑顔があった。興奮気味の俺たちは同じことを口にしていた。

「緊張したけど、楽しかったね！」

お腹に宿った新しい命

秋が深まってきたある日、嫁が体調の異変を訴えた。もしかして、という思いがあった俺は、薬局で妊娠検査キットを買うことにした。よく知らなかったが、ものの数分で妊娠しているかどうかがわかるという。ふたりで検査キットを「せーの！」で裏返す。

「これってどっち？」

さっきまでなかった線が入っているように見える。だが、俺たちはしっかりと説明書を読んでなかったので、あわてて読み返す。線が入っていると妊娠だった。

次の日からバイトの出勤日数を増やしてもらった。これまでと違ったやる気が湧いてくるのがわかった。朝から晩までぶっ通しで働いても、まったくつらいなんて思わなかった。生まれてくる我が子のためにすこしでも稼いでおきたい。

バイトや仕事が終わって帰宅すると、毎日、嫁のお腹に話しかけた。それは自分が父親になるための時間でもあった。だんだんお腹が大きくなっていき、その頃にはお腹の中にいるのは男の子だとわかった。男でも女でもどちらでも良かったけど、男の子だったら一緒に遊べるなと思ったら、なんだかうれしかった。

「あ！　お腹を蹴った！」

嫁のお腹に耳を当ててしばらく聞いていると、「ドン！」と蹴る。「スゲー！」と思った。こんな狭い所で一生懸命に生きようとしてるんだ。頑張れよ、俺も頑張るから。

２０１８年の年が明け、予定日の6月まで半年となったある日、カズが旅行土産をくれた。京都に芸人仲間と旅行に行ったらしい。

「みんなでお参りしてきたんです」

そういって安産祈願のお守りを渡される。旅先で俺の家族のことを考えてくれるのが本当にうれしかった。

そして6月。まもなく陣痛が来るかもということで、嫁の実家の近くの病院へ。翌日は毎年呼んでいただいてる沼津のキャバクラ営業が入っていた。2ステージで泊まりがけの仕事だが、昔からの大事なお客さんだし、収入面から考えても休むわけにはいかない。笑顔で見送ってくれる嫁や、向こうのご両親に何度も頭を下げて、静岡に向かう。

男同士の約束

沼津のキャバクラについてからも、ずっと祈るような気持ちだった。無事に生まれてきてくれ。嫁が戦っているが、俺は遠く離れた地から祈ることしかできない。リハーサルを終えると、嫁のお父さんからメッセージが送られてきた。

「今、陣痛が始まりました。生まれたら連絡します」

本番前だというのに、そのメールを読んだら涙が止まらなくなった。頑張れ嫁。頑張れ息子。俺もステージで頑張るから。

だが、一部二部ともにステージを終えても、お父さんからのメールはない。キャバクラ営業はしこたま飲まされるので、二部が終わったらホテルで爆睡だった。翌朝あわててメールをチェックすると「陣痛がおさまった」と書いてある。

大丈夫だろうか。急いでホテルをチェックアウトして新幹線に飛び乗り、嫁のいる埼玉の病院へ向かう。その途中もずっと神様に祈っていた。

「どうか無事でありますように」

東京まで戻ってきたあたりで、俺のスマホが震えた。嫁のお父さんからだった。

「11時18分、3188グラム。元気な男の子が生まれました」

やったー！　駆け足で病院へ駆け込むと「赤ちゃんはまだカプセルに入っていて会えない」と言われる。とりあえず嫁の寝ている病室に向かう。カーテンを開け、ベッドにいる嫁を抱擁する。

翌日、赤子を抱っこした時の感動は今でも忘れられない。首も座ってない我が子を抱き上げるのはちょっと怖かったが、赤ん坊はピカピカに輝いていた。そうか、俺は父親になったんだ。

もし芸人を辞めるとしたら、結婚して子供ができた時かもなぁと思っていたことを思い出す。小さな子供のためにも、こんな未来のない仕事をしてる場合じゃないだろうと。子供が生まれたら、家族のために夢を諦めて定職に就く。そして、安定した収入を目指すんだ。我が子の手のひらに指を近づける。強く握り返してくる。涙が出そうになった。

「お前が生まれるまでお父さんは散々だったけどさ。お前が生まれてからお父さんいっぱい仕事もらえるようになったんだよ。ありがとう」

この子にいつかそう言いたいと思った。お前が生まれたことでパパは夢を諦めたなんて絶対に言いたくない。スースーと寝息をたてている息子の小指に自分の指を絡める。

「パパは一生お前のこと守ってやるからな」

男同士の約束だった。

初めて感じた幸せ

嫁と子供は大事をとって、しばらく実家で暮らすことになった。実家のほうがもちろん広いし、俺が仕事でいない間も、お父さん、お母さんのサポートがあるからとても助かる。

俺は一足早く東京の自宅へ戻り、相変わらずのライブ、ショーパブ、バイトの日々。前と同じような毎日が戻ってきた。

独身時代はショーパブに行くのが、とにかく憂鬱だった。

「は〜、今日もまたショーパブか」

憧れて入った世界なのに、気がついたら仕事に慣れてしまって、グチまでこぼすようになっていた。きっとサラリーマンのままだとしても、同じようことを言ってたんだろう。

だが、結婚して、子供が生まれてから俺は変わった。ずっと信じてくれてた嫁のため、生まれてきた子供のため、仕事だってアルバイトだってぜんぜんイヤじゃなくなっていた。愛する人のためだと思えば何もツラくなかった。もっともっと仕事をくれ、心からそう思っていた。嫁が送ってくれた我が子の動画や画像を見ては目を細めて、こまめに保存していたら、スマホの容量がすぐにいっぱいになってしまった。

1カ月が経った。レンタカーを借りて、ふたりを迎えに行く。当たり前だが子供はやっぱり小さいままだった。嫁と息子を後部座席に乗せて、若い頃は改造車を乗りまわしていたのが嘘だと思えるくらいの安全運転で帰路に就く。

翌日から家族3人の生活が始まったが、俺はついに気がついてしまった。

まったく売れてない芸人の俺が言うのもあれだが、幸せというのは売れるとかそういうことじゃなかったんだと。

芸人よりバイトの収入のほうが多くても、ショーパブで酔客にバカにされても、好きな仕事ができて、帰ってきたら愛する嫁と子供が待っていれば、こんな幸せな人生はないだろう。

子供はよく泣いた。赤ん坊は泣くとは聞いていたが、朝から晩まで泣いている。仕事から夜遅く帰ってきた時、泣き止まなくて、やっと抱っこで寝たと思ったのに、布団に置いたらまた泣き出して、イライラすることもあったが、翌朝の無邪気な笑顔を見たら、そんなことはすべて忘れてしまう。

お風呂に入れるのも楽しい、ミルクあげるのも楽しい。

家族で出かけるのも楽しかった。大きな声ですぐ泣くし、おむつ交換もあるので、店探しが困ることを知った。俺が食べてる間は嫁が抱っこであやす、次に嫁が食べてる時は俺が抱っこしてあやす、といったチームプレーも磨かれていった。外食をしても、まともに料理の味を楽しむ時間はなかったから、とにかくファミレスの便利さがありがたかった。

首も座り、目もはっきりと見えるようになると、こちらのやることにしっかりと反応してくれるようになる。

俺が繰り出す全力の「いないいないばあ」に、無邪気にキャッキャッと笑う息子の笑顔に心の底から癒やされる。何度やっても笑ってくれるから、こちらも手を抜くわけにはいかない。何度でもやる。だが、やがて疲れる。この子を笑わせたまま人生が終わるのも悪くないと思う。当時の俺は42歳。この子が成人する62歳までは死ねないな、と思ったことをよく覚えている。

42年間生きてきて、世の中の楽しいことはやり尽くしたと思っていた。海外旅行にも行ったし、クラブに行ってナンパもした、改造車を乗り回して我が物顔で街を走り回った。芸人になって、きらびやかな舞台に立ち、すこしではあるがテレビにも出れた。でも知らなかった。俺の人生に、子育てというこんな楽しいイベントがあったとは。ネタがウケた時の喜び、賞レースで勝ち進んだ時の喜び、そんなのとは比較にならない喜びがあった。

翌年4月から、息子を保育園に預けることになった。生まれて10カ月の赤子を保育園に預けるのは心苦しかったが、俺の稼ぎは少ないし、嫁にも働いてもらわないと最低限の生活を送ることはできない。苦渋の選択だったが、家から一番近い第一希望の保育園に受かったのが、せめてもの救いだった。

入園式の日の午後から「慣らし保育」が始まった。いつもと違う環境に慣れさせるために、まずは2時間だけ預けて、保育園に慣れてもらうのだ。それが終わると、朝から夕方まで預かってもらうことになり、俺と嫁もようやく仕事に本格復帰できる。

入園したばかりの頃は特に問題はなかったが、徐々に自我が出てくると、保育園の受け渡し時に大泣きされることもあった。涙をボロボロこぼしながら「パパ〜、パパ〜!」と追いかけてくる我が子を見るのはツライ。

「ごめん、息子よ。パパはバイトに行かなければ、お前たちを養うことができないんだ」

後ろ髪を引かれながら保育園をあとにする時はいつも早足だった。

お父さんは恥ずかしくない

もともと子供が好きだった俺にとって、我が子との生活は毎日が充実していた。売れてないこともあって、子供といる時間は世のお父さんよりも長かったのだろう。お金はないが、時間だけはいくらでもあったから。子供が生まれるまでは、人生の大切なことを教えてやらないと、なんて思っていたものだが、親の俺たちのほうが子供から教えてもらうことが多かった。

赤ん坊の感情表現はひとつだけしかない。泣く、ただそれだけ。

赤子が泣いている。なんで泣いてるんだろうと考える。ミルクはあげた。オムツも変えた。それでも泣き止まない。歌を歌ったり、本を読んだりしても泣き止まない。抱っこしても泣き止まない。何が悪いのか全くわからない。

すると嫁が言った。

「その格好が寒いんだよ」

もう一枚上着を着せて、毛布でくるんで抱っこをする。すると泣き止む。やはり、お腹を痛めてからずっと一緒にいるだけあって、子供の気持ちが俺よりわかるんだなぁと感心した。

哺乳瓶に粉ミルクを入れ、お湯で溶かして、人肌に冷まし、何度も温度を確かめてから子供にあげる。あっという間に飲み終わると「もっと飲みたいのにー！」と泣く。たまらなくかわいかった。

風呂に入れてる最中におしっこを顔にかけられたり、オムツ交換する時うんちをブリブリされても、たしかに臭いかもしれないけど、全く嫌な気持ちにはならなかった。

親ってスゲーなぁ。そういえば子供の頃、父親に言われたことを思い出した。風邪をひいた俺がトイレで吐いた時のことだ。父親が俺の背中をさすりながらこういった。

「他人のゲボは気持ち悪いけど、我が子のはぜんぜん気持ち悪くないなぁ」

まさにそれだ。確かに我が子のものなら全く嫌な気持ちにならない。

つかまり立ちができるようになると、今度は自分で歩き出そうとする。初めてひとりで歩き出した時嫁が大きな声を出した。

「見て、歩くよ！」

急いでスマホのカメラを起動する。我が子の大きな一歩は本当に感動した。

やがて自我が芽生えて、イヤイヤ期に入る。それはそれでかわいいものだと思った。

一歳半を過ぎた頃には、世はコロナ一色でどこにも行くことができなかったから、近所に住んでいる事務所の先輩の藤井ペイジさんに声をかけて、パパママ芸人が集まって子供を遊ばせていた。

そんな時にも、俺が他の子を抱っこしていると、俺のほうに駆け寄って、ひざのあたりをギュッと小さな手で抱きしめる。そして俺の顔をじっと見る。

「僕のパパだよね。なんで他の子抱っこしてるの?」

そんな寂しそうな顔をしているのを見たら、胸がギュッとなってしかたない。

「パパ抱っこ」

「ないない」

「あんと(ありがとう)」

息子はどんどん言葉を覚えていった。三輪車にも乗れるようになり、ストライダー(ペダルがない二輪車)にも乗れるようになった。日々の成長が楽しかった。

息子が3歳になり、おしゃべりも上手にできるようになってきた頃のことだ。息子の通っていた保育園の夏祭りがあり、その数週間前に保育園の先生からあるお願いをされていた。

「次の夏祭りはいろんな出し物をやるんですが、最後にお父さんにネタやってもらえないでしょうか？」

普段からとてもお世話になっている保育園だし「別にいいですよ」と返事をする。

夏祭りは思ったよりも盛況で、多くの保護者が駆けつけていた。ステージに見立てたホールではいろんな出し物があり、最後は俺の出番だ。

「園児のお父さんにお笑い芸人さんがいらっしゃって、今日は特別にネタをやっていただけることになりました！」

リーゼントにロカビリーファッション、いつもの戦闘服に身を包んだ俺は、いつもと同じテンションでみんなの前に登場する。ネタはR－1決勝でもやったツイストを踊りながらの「お前、誰だよ！　ロックンロール」だ。

音楽と共に俺が登場すると、保育園の先生から父兄の方まで大いに盛り上がってくれて、拍手喝采で無事に終わることができた。

ステージが終わったあとは、保育園の先生や保護者の方々に「面白かったです！」「さすがプロだと思いました！」と声をかけていただき、汗を拭きながら握手に応じたりしていた。久しぶりに手応えを感じたステージだった。どうだ、パパはすごいんだぞ。

保育園の夏祭りからの帰り道。手をつないだ息子が俺に言った。

「パパが、夏祭りで踊るの、恥ずかしかったぁ」

3歳の息子にしたら、突然、自分の親が見たことのない格好で大勢の人前に登場し、音楽に合わせてツイストを踊り始め、さらに「フ〜！」と叫び出すものだから、みんなに笑われていると思ったようだ。

違うんだ、息子。笑われてたんじゃない、笑わせてたんだ！

だが、もし自分が幼い頃、父親が人前でツイスト踊り始めたら、どう感じたのだろう。きっと恥ずかしかったことだろう。改めて芸人というのは不思議な職業だと思った。

message
for
TAIGA

from

ヒコロヒー

熱くて、涙もろくて、突っ張ってるのに、肝心な所で気が小さくて、どこかしこ構わず声が大きくて、とにかくよく笑って、とにかくよく怒って、とにかくすぐに泣いて、酔っぱらうと気を失ったのかと心配になるやりかたで寝て、なんだか曲がったことが嫌いで、でも何が曲がってるかはちゃんとよく分かっていなくて、酒の飲み方はがさつで、時々言ってくることが本当にうっとうしいのに、常々ずっとかわいらしいから、先輩からも後輩からもみんなに愛されていて、ピン芸人の先輩であり、親戚のおっちゃんのようでもあり、できの悪い弟のようでもあり、情けない姿をいくら見ても、カッコ悪くても、うっとうしくても、憎めないどころか、ついつい笑ってしまう、どこ出身なのか分からないけれど溢れ出てくる江戸っ子感があり、人情を重んじ、義理はそんなに重んじてる姿は見たことがないけれど、ダメな所もさらけだして生きていくさまがおかしい人で、ぶざまな姿を見せてくれたりしながらも、ただ幸せでいてほしいと思える、そんな妙なリーゼントである。

第7章 TAIGA 覚醒

嫌な予感

朝から暑い日だった。その日はフジテレビのオーディションだった。お台場から見る空はどこまでも青く、白くて大きな雲が浮かんでいた。オーディションが終わり、妹から留守電が入っているのに気がつく。滅多にそんなことはないから嫌な予感がした。

「お父さんがプールで具合が悪くなって、救急車で病院に運ばれたらしいの。かなりヤバイかもしれない。私は今から病院に行くから、お兄ちゃんも急いで来て」

携帯電話を手にした俺は言葉を失った。数週間前に会った時、父親はピンピンしていた。その父親が救急車で運ばれた？　動揺を隠せない俺は、震える手で妹に電話する。

聞けば妹の旦那と一緒にプールで泳いでいたら急に具合が悪くなり、休憩室で休ませてもらったものの、ついには救急車を呼ぶ事態になったらしい。信じられるわけがない。お台場から武蔵境の病院まで向かいながら、ひたすら無事を祈った。

8月の蒸し暑い日だった。病院に着き、憔悴した様子の母親と妹に声をかけると、親父は集中治療室にいるらしく、非常に危険な状態だと涙声で教えてくれる。

夕方になり、治療を終えた医師から説明を受ける。

「一命は取り止めました」

だが、心筋梗塞で心臓が3分の1程度しか動いておらず、非常に危険な状態らしい。集中治療室に入ると、意識はなく、人工呼吸器を口に入れて点滴をしている変わり果てた父親がいた。

「おい、嘘だろ」

この前まで、あんなに元気だったし、仕事を定年退職してまだ1年しか経ってない。これから先、まだまだ楽しいことがたくさん待っているに違いないのに。母親はひどく動転している。

そこから父親は入院することになるのだが、医師から電話が来るたびに母親はパニックを起こしてしまうため、長男である俺の電話が緊急連絡先になった。母親の手前もあり気丈に振る舞っていたが、俺だって電話が鳴るのが怖かった。

できるだけ仕事は休んで病院に行くようにしたが、どうしても代打がきかない営業に2本ほど行った。ステージでモノマネしながら歌う『世界に一つだけの花』が、なんだか悲しい曲に思えた。とにかく毎日祈るような気持ちだった。

集中治療室に運ばれてから1週間ほどすると、父親の容体がすこし良くなって、喋れるまでに回復した。父親は救急車の中の様子など鮮明に覚えていて、「死ぬ時はこんなに苦しいのかと思うほどつらいぞ〜」と言って、みんなを笑わせていた。人工呼吸器も外れたので、順調に回復に向かうかと思ったが、喋れるようになったのは、その1日だけだった。

その夜にはまた容体が悪くなり、ふたたび人工呼吸器をつけることになる。次の日も、その次の日も病院に行くが、容体は悪くなっていると医師から伝えられた。どうやら、持病の糖尿病との合併症を引き起こしているとのことだった。

満面の笑みで過ごした最期の1分

8月16日はなんとか持ち堪えた。父親が溺愛していた姪っ子の3歳の誕生日だったから、悲しい日にさせてはいけないと粘ったのかもしれない。病室に集まった家族の前で「じいじ、お体良くなるといいね〜」と眠っている父親に姪っ子が話しかけると、みんなは笑いながら泣いていた。

翌日の昼過ぎに病院から電話。容体がかなり悪くなっているので、早く来てくださいとのこと。急いで病院に向かう。赤信号で止まるたび涙で前が見えなくなる。

病室で俺が目にしたのは、ひどく汗をかき、呼吸がいつもより速くなって苦しそうな父親だった。俺たちにできることといったら、その汗を拭いてやることくらい。夕方になると血圧が下がり、医師から「回復は難しい」と伝えられる。そして「今はまだ意識があるから、最後の言葉をかけてあげてください」と。

家族全員で泣きながら叫んだ。

「お父さんありがとう！」

「親父ありがとう！」

「楽しかったよ！」

「俺たち幸せだったよ！」

「本当に本当にありがとう！」

厳しく育ててくれてありがとう。家族のために仕事を頑張ってくれてありがとう。小学校1年の時にイジメから救ってくれてありがとう。

すると、苦しそうだった父親が、急に「ニコー」と満面の笑みを浮かべたのだ。

「聞こえてるんだ！　お父さん聞こえてるんだね？　ありがとう！　家族みんな楽しかったよ！　幸せだったよ！」

時間にして1分ほどだったか、父親は満面の笑みでみんなの言葉に応えていた。たぶんもうダメだと父親も理解していたんだと思う。最後の力を振り絞って笑顔で応えてくれたんだろう。そして血圧はどんどん下がっていった。夜になり、妹の旦那が眠たそうな姪っ子を連れ、最後の別れを言って帰っていった。

病室には、俺と母親と妹、そしてかろうじてまだ呼吸している父親。久しぶりの家族4人の団らんの時間で、父親との思い出話をたくさんした。日にちが変わり8月18日午前0時30分、父親は帰らぬ人となった。

夜も遅く母親と妹は家に帰して、俺ひとり、夜が明けるまで病院の霊安室で父親と酒を飲んだ。父親が好きだったウィスキー、ダルマと呼ばれたボトルを父親の横に置いた。

朝までずっと父親に向かって語りかけた。

「小1の時、イジメから助けてくれてありがとう。カッコよかったよ。勉強はできなかったけど、その分芸能界で成功して見返してやろうと思ってたんだ。でも、親父が生きている間に結果を残せなかったな。俺が芸人やってることはどう思ってたの？」

小学校1年の時、真っ暗だった俺の人生を照らしてくれたヒーローは、何も話してくれない。だが、俺は何度も何度も語りかけた。父親はやはり何も答えてくれない。

1週間後。たくさんの親戚、芸人仲間、地元の友人が葬式に来てくれた。わざわざ時間を作って来てくれた友人たちの姿を見ると「あの人も来てくれたんだ」とすこし心が救われた気がした。

告別式の喪主挨拶も俺がやると決めた。泣かずにやろうと思ったが、いろんな想いが込み上げてしまい無理だった。

ようやく仕事を定年退職したので、母親も一緒に温泉にでも連れていってあげたいと思っていたのにこのざまだ。親孝行したい時に親はなし、とはよく言ったもんだ。64歳という若さだったが、酒もタバコも無茶苦茶やっていたので無理もないのか。

納骨も済ませると、いつもの日常が戻ってきた。とびきりの不幸が起きたって、世間はいつも通り回っていたことに嫌でも気づかざるを得なかった。

当時、俺は福島県でラジオのレギュラーを持っていた。福島に着いて、本番までのんびり過ごしていると、母親から電話が鳴った。

どうやら、父親が糖尿病でお世話になっていた先生に、本人が心筋梗塞で亡くなったことを伝えに行ったらしい。

「検査してもらうたび、うちの息子がこの日にテレビに出るから見てやってくれって、うれしそうに病院のカレンダーに印をつけてたんだって」

母親は泣いていた。俺もラジオの本番前なのに号泣していた。ゴールデンタイムの番組に出ても「見たぞ」くらいしか感想を言ってこないぶっきらぼうな父親が、そんなふうに俺を自慢に思ってくれていたことを初めて知った。

なんだよ、涙と鼻水が止まらないよ。これじゃラジオになんねーじゃねーか。でも、ありがとう親父。もうすこし諦めずに、この世界で頑張ってみるわ。

福島から帰る新幹線。車窓から見える街の明かりが、なんだか俺の胸を締め付けた。新幹線は最高速度で東京へ向けて走っていた。

夢を捨てる勇気としがみつく勇気

2020年。その頃の俺はといえば、賞レースで結果を残せなかったものの、R－1ファイナリストという称号のおかげで、各地の営業に呼ばれるようになっていた。月に数本営業があればなんとか暮らしていくことはできたし、これから東京オリンピックもあるから、日本中が盛り上がりイベントも増えるといいな、なんて明るい未来を描いていた。

そんな時にやってきたのが、コロナだった。

海の向こうで「未知のウイルス」が猛威《もうい》をふるっている、というニュースが連日流れていたが、もちろん最初は他人事だ。

だが、状況はどんどん悪くなっていく。2月にはほとんどの営業がキャンセルになり、ライブやショーパブの仕事もキャンセルが増えた。3月にはついに芸人の仕事が0になった。ということは、収入は0になる。世間はコロナ一色で、誰も俺たちの生活なんて気にかけてくれない。芸人というのは戦争や疫病が起こった時、一番最初になくなる仕事なんだと改めて思った。

アルバイトでやっていたイベント大道具の仕事もなくなった。とりあえず手軽に稼げるという噂を聞いて、ウーバーイーツのアルバイトに登録することにしたが、新調したママチャリにまさか3年も乗ることになるとは、この時は思ってもいなかった。

緊急事態宣言。これまで誰も聞いたことがないであろう宣言が発令され、街から人が消えた。ショーパブのあった歌舞伎町はゴーストタウンと化した。

「家にいろ」

「外へ出るな」

「マスクをしろ」

こんな事態が起こるなんて想像もつかなかったし、それまで当たり前のように会ってた人たちと全く会わなくなった。大勢でワイワイやるのが好きな俺としては、苦痛でたまらない毎日だ。

飲み会ができない、花見ができない、バーベキューもできない。仕事がないから、毎日のようにウーバーイーツの配達をするしかない。

年齢や芸歴を積んでいるほど先の見えない不安にさいなまれたし、バイトの最中に「いつまでこんなことやってるんだろう?・」と考えるようにもなる。「就職するならラストチャンスの年齢かもしれない」なんて考え始めたら、もう止まらなくなる。

子供ができたことを理由に辞めていく芸人もちらほら出てくる。売れようというエナジーの炎が消えて辞めてしまう者もいた。結婚相手や相手の両親の反対で辞めていく者。この世界の厳しさに直面して気持ちがふさぎこんでしまう者。

辞めた芸人のセカンドキャリアはさまざまだ。作家やマネージャーなどの裏方に回る者もいたし、働いていたバイト先に就職する者もいた。ラーメンが好きだからと修業に出る奴もいたし、学校の先生になった仲間もいた。

彼は教員免許をとって教師になったが、10年以上もお笑いをやっていただけあって、生徒たちを笑わせて教室を温めてから授業に入るのが上手だったらしい。授業中もちょくちょく小ネタを挟んで笑いを取ろうとするから、「こんな面白い先生がいるんだ!」と生徒から圧倒的な人気を得たとか。彼のおかげで勉強が好きになる生徒がいたのなら、彼の芸人としての経歴はきっと無駄ではなかったのだろう。

昔は30歳になるまでに売れなかったら芸人を辞める、というルールを自分に課している者もいた。だが、なかなか辞めるふんぎりはつかないのが現実だ。だから賞レースの結果やエントリーの芸歴制限にひっかかったことを機に決断する者も多い。M―1で準決勝までいけなかったら辞める。最後の1年間で結果を残せなかったら辞める……。

多くの芸人が辞めるきっかけを探している。その決断を誰も責めたりなんてできない。なぜなら、辞めたいと思ったことがない芸人なんて、きっといないだろうから。

ある時、辞めてしまった仲間の芸人に質問をしたことがある。

「また芸人をやりたいと思ったりしないの？」

彼はこう答えた。

「全く思わないね。だって普通に働いてたほうが気楽だもん」

働くとお金がもらえる。当たり前のことだと思うかもしれないが、頑張っても頑張ってもお金にならないのが売れない芸人なのだ。

彼の話を聞いて、俺もサラリーマン時代を思い出した。たしかに、やることさえやっていれば毎月給料がもらえた。安月給だと文句を垂れても、生活はできたし、酒場で酒を飲むこともできた。

その安定が気楽だと思うか、あるいはつまらないと思うか。人それぞれだと思う。

芸人はみんな先の見えない不安と戦っている。

どこかで辞めるきっかけを探した日もあった。

それでも小さな希望を抱いて、俺は芸人を続けている。

message
for
TAIGA

from

メイプル超合金 カズレーザー

10年以上前、TAIGAさんと一緒にご飯を食べていた時。ある名言が話題にあがった。

『人はいつ死ぬのか。心臓が止まった時ではない。忘れられた時である』

この言説にのっとるならば、世間に知られていない、つまり誰にも覚えられてはいない我々は、はなからこの世に生を受けていないのではないか。

答えを出すとお互い絶望しそうだったので、あの時はあまり掘り下げなかった。

数年前、父が亡くなった。

連絡を受けたのは、確か北関東での営業の1ステージ目が終わった直後だったと思う。

母から届いたメールは、父の死を伝えるわずか一文だったが、2箇所も誤字があった。

メールの届いた時刻は11時11分11秒だった。そんな些末事を見つけてしまうくらい、冷静に父の死を受け入れていた。

周囲の誰にも伝えずこっそり実家に帰った。

たまたまその日、TAIGAさんと晩御飯を食べる約束をしていた。断りの連絡を入れねば。

今思い返しても、とんと理由は分からないが、LINEではなく電話をかけた。

一言二言のやりとりで今晩は会えない旨を伝えると、TAIGAさんは「そうか」とだけ言って電話を切った。

斎場の都合が上手くついたらしく、翌日には告別式を営むことになった。

喪主を務める母を手伝っていると、喪服を着たTAIGAさんが現れた。訳が分からない。

何故いる?

こちらが尋ねる前にTAIGAさんが口を開いた。

「気になって、マネージャーを問い詰めたら、教えてくれたよ」

電話では努めて冷静を装ったつもりだった。それなのにTAIGAさんには、何か引っかかるものがあったらしい。

何も言えなかった。ただ頭を下げた。父が亡くなってから、初めて泣いた。

出棺の直前、皆で棺に父の愛用品を詰めた。

古びたサングラス。自作した釣り具。愛読していた浅田次郎のハードカバー。

その傍らに禁煙パイポが1ケースあった。そう言えば父は、ここ数年禁煙していたな。

多分、葬儀業者が父の日用品を予め調べて、気を利かせて用意してくれたのだろう。

しかし。

今更禁煙してどうするよ？

最後くらいたらふく吸わせてやれよ。心の中で毒づいた。と、同時に。

「いや、今更禁煙してどうするよ⁉」

ハッキリ聞こえた。オレの声ではない。

振り向くと、ＴＡＩＧＡさんが棺に向かって、一世一代のツッコミをかましていた。

氷河期クラスの冷たい空気が式場に満ちる。この寒さなら恐竜くらい容易く絶滅するだろう。

大股でこちらに歩み寄るＴＡＩＧＡさんは、オレに尋ねた。

「親父さんの吸ってたタバコは？」

「メビウスのノーマルです」

聞くなり大股歩きで会場から出て行った。５分程して、同じ大股で帰ってきたＴＡＩＧＡさんは、よく通る声で言った。

「どなたかタスポをお持ちではありませんか？」

腹から笑った。ゲラゲラ、ゲラゲラ、笑い転げた。

30人程の参列者の中で、オレ独りだけがいつまでも笑っていた。

TAIGAさん、今あなたは多くの人の記憶に残っています。

この本の読者、ライブのお客さん、テレビの視聴者、数え切れません。

ことオレの親類達は「バカな息子の先輩の、無礼なヤツ」とハッキリ覚えています。

しばらく忘れられることはないでしょう。

芸能界にやっと生を受けた芸人・TAIGA。あとは死ぬ気で売れるだけです。

ここまで書いて、ふと気付いたんですが、オレの父はまだ存命でした。

どうやら全てオレの思い違いだったようですが、書き直すのも面倒なので、これにて手紙に代えさせていただきます。

父へ

親父、元気？　あなたがこの世からいなくなって14年くらいになるね。俺が小学校1年の時にイジメられてたの助けてくれたこと覚えてる？

カッコよかったし、うれしかった。正義のヒーローみたいに見えたよ。

でも学校の成績が悪かった俺にさ、酔っ払って「お前は親戚中の恥だ！」って俺に言ったの覚えてる？

つらかったし、悲しかった。悔しかったよ。たくさん怒られたし、殴られた。お母さんと毎日ケンカしてるのを見るのは、とってもつらかった。

サラリーマンを辞めて、芸能の道で生きていくと決めて24年が経ちました。この世界で絶対に成功してやる、という気持ちの根っこには、「親父に認めさせてやる！」という気持ちがあったんだ。

売れて有名になってさ、「親父、家建ててやるよ」なんて言ってみたかった。勉強はできなかったけど、「凡人では成し遂げられない世界で成功したぞ」「どうだ俺スゲーだろ！」って。

親戚中の恥だって言われたけど、「そうじゃなかったろ！」って言いたかったんだ。

でも、急に死んでしまった。

胸にポッカリと穴が空いたような気分だったよ。目標を見失ってしまった。親父が死んでしばらくして、お母さんからカレンダーの話を聞いた時に思った。あなたはきっと俺のことが好きだったんだね。かわいかったんだね。ちゃんと言葉にして伝えればいいのに、俺に直接言わないところが親父らしい。

俺は今もあなたが亡くなった時と変わらず売れてない芸人を続けています。でも、ひとつだけ変わったことがあるんだ。素敵な嫁ができた。そして、宝物ができた。元気な男の子2人だよ。あなたが俺を幸せにしてくれたように俺はこの奥さんと子供たちを幸せにするよ。

厳しく育ててくれてありがとう。助けてくれてありがとう。親父なりに愛情を注いでくれてありがとう。

玄関の靴はキチッと揃えろ。

ご飯は米粒ひとつも残すな。

電車でお年寄りや体の不自由な方がいたらすぐに席を譲れ。

あなたから教わったことを子供たちにも教えていくよ。いつか俺が天国に行ったら一緒に酒を飲もう。でも、人生まだまだこれから。ここから俺、売れてやるから。天国で新築の家を建ててやるよ。ゆっくり休んでね。

ありがとう。

福谷大河

おわりに

最後まで読んでいただきありがとうございました。史上初売れてない芸人の自伝はいかがでしたでしょうか?

今回ワニブックスさんとご縁があって、自伝を書籍化することになりました。成功者が見る景色と違って、不成功者が底辺から見る景色はまた違った味わいだと思います。

この歳まで売れてないからわかるんですが、人間って調子がいい時より、悪い時のほうが周りにいい人が集まってきます。売れっ子になると、悪い人もいっぱい寄ってくるそうです。この歳まで売れてなくてお金のない僕の周りには、いい人しか寄ってきません。

何度も芸人を辞めようと思いました。でもその度に踏みとどまったのは、オードリーをはじめとする素敵な芸人仲間たちの、「なんとかＴＡＩＧＡを売れさせたい」という期待に応えたかったからです。

親父には見せられなかったから、せめて母には成功した姿を見せたいし、３００人キャパの会場で8枚しか売れなかったのに満席にしてくれた友人たちに恩返ししたい。金がなくて迷惑をかけた友人たちにも「今日は俺がごちそうするよ！」と言いたい。

お世話になった多くの人たちに、早く売れて恩返しをしたい。そして何より、「ＴＡＩＧＡさんが一番面白い！」そう信じてくれてた嫁に、「君の信じていたものは間違ってなかったよ」と証明してあげたい。

『アメトーーク！』以降、すこしずつ仕事が繋がり始めています。この本のサブタイトルにもなっている「ＴＡＩＧＡ晩成」のように、ここからグングン売れて、見事に「大器晩成」を有言実行したいと思います。そして、いつかこの自伝が映画化されることを夢見て——。

最後まで読んでいただきありがとうございました。

それではウーバーイーツに行ってきます！

ＴＡＩＧＡ

Special thanks

ぺこぱ・松陰寺 太勇

ぺこぱ・シュウペイ

納言・薄 幸

バイク川崎バイク

オードリー・春日俊彰

オードリー・若林正恭

モグライダー・芝 大輔

モグライダー・ともしげ

ヒコロヒー

メイプル超合金・カズレーザー

お前、誰だよ！
TAIGA晩成
史上初！ 売れてない
芸人自伝

著者 TAIGA

2023年8月10日　初版発行

TAIGA

1975年生まれ。神奈川県出身。2005年『細かすぎて伝わらないモノマネ選手権』（フジテレビ）、2009年『爆笑レッドカーペット』（フジテレビ）、2008年の『あらびき団』（TBS）、2014年の『R-1ぐらんぷり』決勝進出でプチブレイク。下積み時代が続く中、2020年の『オードリーさん、ぜひ会ってほしい人がいるんです。』（中京テレビ）、2021年の『アメトーーク!』（テレビ朝日）、2023年の『午前0時の森』など出演で再ブレイクの予感がする崖っぷち芸人。
Twitter:@TAIGAtrendy

装丁　森田 直（FROG KING STUDIO）
撮影　吉場正和
校正　株式会社東京出版サービスセンター
構成　キンマサタカ（パンダ舎）
協力　橋本裕介（サンミュージックプロダクション）
編集　小島一平（ワニブックス）

発行者　横内正昭
編集人　岩尾雅彦
発行所　株式会社ワニブックス
〒150-8482　東京都渋谷区恵比寿4-4-9えびす大黒ビル
ワニブックスHP　http://www.wani.co.jp/
（お問い合わせはメールで受け付けております。
HPより「お問い合わせ」へお進みください）
※内容によりましてはお答えできない場合がございます。

印刷所　株式会社 美松堂
DTP　有限会社 Sun Creative
製本所　ナショナル製本

ISBN 978-4-8470-7336-6